KROZ ILUZIJU DO RADOSTI
RAZGOVOR S VIŠIM JA

© **Safari duha d.o.o.**

Lektura: Novellus prijevodi

Grafičko oblikovanje: Ivan Radić mr.prof.

Tisak: Grafički zavod Hrvatske

CIP zapis je dostupan u računalnome katalogu
Nacionalne i sveučilišne knjižnice u Zagrebu
pod brojem 001247035.

ISBN 978-953-49043-8-1

Nakladnik: Safari duha d.o.o.

www.anabucevic.com

ANA BUČEVIĆ

KROZ ILUZIJU DO RADOSTI

RAZGOVOR S VIŠIM JA

Sadržaj:

Nedjelja   11

Ponedjeljak   51

Utorak   73

Srijeda   103

Četvrtak   147

Petak   187

Subota   227

Mojoj Ani,
Ova knjiga, kao i svaki korak na putu njezina nastajanja,
posvećena je tebi.
Jer tvoja prisutnost i sve što jesi razlog su mog putovanja prema
dubljem razumijevanju života i ljubavi.
Tvoje postojanje daje smisao svakoj riječi u ovoj knjizi.
Neka te svaka riječ u njoj zagrli toplinom i podsjeti koliko si
voljena, sada i zauvijek.

Dragi čitatelji,
Ova je knjiga moj dar vama, pisana sa željom da vas svaka
njezina riječ nježno vodi prema vašem unutarnjem svjetlu,
prema istini i ljubavi koja prebiva u vama.
Idemo zajedno na ovo putovanje povratka k sebi, putovanje
koje vas vodi natrag u onaj tihi prostor gdje su svi odgovori već
prisutni, u zagrljaj vašeg Višeg ja.

Neka vam ove stranice budu podrška i izvor nadahnuća dok se
prisjećate onoga što ste oduvijek znali u dubini svoje Duše: da
ste već cjeloviti, voljeni i neizmjerno dragocjeni.

Nedjelja

Ani se trgne iz sna. Čula je kako je netko doziva. Umirila se, osluškujući. Ali, sada nije čula apsolutno ništa.

Ležeći na boku, pogleda u sat pored kreveta – 5:55.

Vjerovala je u znakove. Uzela je svoj mobitel i ukucala u Google: anđeoski brojevi značenje 555.

I dalje je, nepomično i u tišini, čitala:

Broj 555 označava promjenu. Ako vidite broj 555, znajte da se povezujete s Višim vodstvom i da ste vođeni. Nemojte se plašiti promjene koja slijedi.

Broj 5 označava avanturu i slobodu. Na putu ste ka velikoj životnoj transformaciji.

Prigrlite ovaj skok kojem ćete svjedočiti. Vaša promjena kreće iznutra i ona će promijeniti čitav vaš izvanjski svijet.

Zanimljivo, promislila je.

"Ani...", opet je začula glas kako je doziva. Polako je okretala glavu u smjeru glasa. Dolazio je s druge strane kreveta, iza njezinih leđa. Odjednom pored kreveta ugleda jaku bijelu svjetlost i svoj odraz u njoj. Ani uplašeno poskoči s kreveta, osjećajući kakvu takvu sigurnost jer je krevet dijeli od onoga što vidi.

"Ne plaši se, Ani. To si samo Ti.", opet začuje glas koji je jako dobro poznavala. Taj je glas zvučao identično kao i njen. Čula je i gledala u sebe.

13

"Tko si ti? Sanjam li ja ovo?", upitala je Ani, potpuno zbunjena.

Ja sam Ti, Ani. I Ti si Ja. Mi smo jedno, nerazdvojivi dio iste cjeline. Ja sam dio Tebe, točnije, Ti si dio Mene – onaj aspekt Mene koji trenutno istražuje ovaj fizički svijet. Proveli smo zajedno dvadeset zemaljskih godina, ali Ja sam uvijek bio s Tobom, čak i kad nisi bila svjesna toga. Možda Ti se čini da Me tek sad susrećeš, no zapravo, Ja sam ono što bi ljudi nazvali Tvoje Više Ja. Iako, istina je da Više Ja ne postoji onako kako to ljudi zamišljaju. Možemo samo govoriti o vibracijama – višim i nižim. Ti si Ja, dio Moje Svijesti, koji sam usmjerila u ovu fizičku stvarnost. Ono što sada vidiš i čuješ, a doživljavaš Me kao nešto odvojeno, zapravo je onaj dio Mene koji nikada ne napušta nefizičku razinu postojanja. Ti si taj aspekt Mene fokusiran na fizički svijet. I, taj dio sada doživljavaš kao Sebe, ali uistinu, Ti i Ja smo jedno i uvijek smo to i bili.

Ani je hipnotizirano gledala u samu sebe u tom bijelom svjetlu, osjećajući se sve mirnijom. I nju je samu zateklo kako je strah u potpunosti nestao. To joj je biće ili, kako već da ga nazove, ulijevalo potpuni mir. Pa gledala je u sebe. Kako da se plaši same sebe, a onda opet, kako da logički shvati u što ona to uopće gleda.

"Ma, ja ovo sanjam!", rekla je na glas, trljajući oči. No, njena vlastita slika nije nestala čak ni tada.

Ani, sada si potpuno budna. Ako išta možeš nazvati stvarnim, onda je to upravo ovaj trenutak. Znaš, zapravo većinu svog života provodiš sanjajući.

Većina ljudi ostane u tom snu čitav život.

"Molim? Što to znači?", upitala je, zbunjena.

To znači da ono što ti misliš da je stvarnost zapravo nije. Sve oko Tebe samo je jedna velika iluzija, jedna igra, jedan san koji si odabrala iskusiti. Ali sada si odlučila samu Sebe probuditi iz tog sna. Zato sam Ja ovdje s tobom, Sada. Vrijeme je da se podsjetiš tko si zaista, da se probudiš iz iluzije i prepoznaš Svoju pravu prirodu. To je razlog našeg susreta.

Ani je sjela na krevet, privukla koljena prsima i obgrlila ih, naslonivši bradu na koljena. Istovremeno je bila i zamišljena i opuštena. Nije ni sama mogla definirati kako se osjeća. Znala je da je ono što vidi stvarno, a opet, izgledalo je toliko nestvarno.

Kako je moguće da vidi sebe pred sobom? Bila je to ona, a opet, nije to bila ona. Kao da se gleda u ogledalo, ali iz te nje zračili su mir i predivna mudrost.

"Ja i dalje ne razumijem što se događa. Vidim tebe, a vidim sebe. Ja sam ovdje na krevetu, a istovremeno sam i pored kreveta. Zvučiš kao ja, a ja to sad ne govorim. Izgledaš kao ja, a ja znam da Ti nisi Ja."

I tu, Ani, leži Tvoja prva iluzija. Iluzija odvojenosti. Misliš da smo Ti i Ja odvojene. Misliš da sam Ja izvan Tebe. A nisam. Ni jednog jedinog trenutka ovog Tvog zemaljskog života. Cijelo vrijeme se pitaš postojim li Ja, a ako se nešto trebaš pitati, to je postojiš li Ti.

"Postojim li Ja? Pa naravno da postojim. Živa sam, dišem, vidim, čujem, hodam, govorim i sve ostalo. Itekako postojim. Ja sam bila tu, Ti si se pojavila.", odgovori Ani sigurno.

Sada Me vidiš. Zato misliš da sam se tek pojavila. Ljudi misle da postoji samo ono što mogu vidjeti očima. Postoji jedan cijeli svijet oku nevidljiv, ako ne znaš kako ga vidjeti.

Što ako sam Ja ta koja je, kako bi Ti rekla, stvarna, a Ti si dio Mene? Ne obratno.

Ne razumijem.

Zato što promatraš život od dolje prema gore, točnije, iz fizičke perspektive prema duhovnoj. Okreni to. Čula si za onaj citat: "Mi nismo fizička bića koja imaju duhovno iskustvo, već smo duhovna bića koja imaju fizičko iskustvo."

Da, jesam.

Postoji još točnija verzija tog citata. A to je – "*Mi smo duhovna bića koja imaju duhovno iskustvo.*" Čak je i ovo fizičko iskustvo dio duhovnog. Ne postoji nešto što to nije. I ne postoji takvo što kao što je odvojenost jednog od drugog. Ne postoji duhovno i fizičko. Postoji duhovno i duhovno koje samo izgleda kao fizičko. A ta iluzija odvojenosti dio je većeg plana, plana da bi mogli iskusiti ono što je jedina konstanta. A to je ekspanzija. Ekspanzija u Svijesti. Ili kako ljudi vole to zvati - Bog.

Ideja o Bogu jedna je od najvećih iluzija u koju su ljudi povjerovali. A upravo joj je odvojenost temelj. Nismo odvojeni od te Svijesti ni jednog trenutka. Kako možemo i biti kada smo Mi ta Svijest. Koja samo glumi da to nije. Koja se igra. Iskustveno. Ta Svijest smo i Ja i Ti. Kako bi i to osvijestila obraćam ti se malo u ženskom, malo u muškom rodu. Kako bi osvijestila da ni Ja nemam rod. Kao ni Duša, kao ni Bog.

Nema toga što Bog nije. Nema. Jer nema toga u čemu nije ta Svijest. U apsolutnom svakom aspektu Svemira. Ljudi vole reći da sve ima Svijest. Ni to nije točno. Svijest ima sve. Prvo je Svijest, onda ide njen aspekt. I zato Ti kažem promijeni kut gledanja i sve će postati mnogo jasnije.

Ani je šutjela. Kao da procesuira sve što je upravo čula. Ono što je primijetila je kakav su joj osjećaj donosile ove riječi koje čuje. Osjećala je nekakav mir. Ove riječi kao da su pronalazile put do njenih dubina. Osjetila je i puno veću sigurnost nego na početku ovog neobičnog susreta. Ovo biće koje je stajalo pred njom, točnije ona sama, zračilo je neopisivim strpljenjem i ljubavlju. Kao da je pred njom istovremeno stajala njena majka, najbolja prijateljica, omiljena učiteljica i ona sama. Sve je to osjećala istovremeno. Duboko udahne i izdahne, i dalje ne govoreći ništa.

Vidiš kako si se sviješću, a za Tebe potpuno nesvjesno, upravo povezala sa Mnom.

Anin se pogled promijenio te je opet dobio upitan izraz, kao da želi da joj se i ovo pojasni.

17

Upravo je taj dah, koji si sada napravila, ono što povezuje Mene i Tebe. U tom je dahu Moja mogućnost da doživim fizičku realnost kao stvarnu. Preko Tebe, koja je zaboravila da sam to isto Ja. U tom dahu sam Ja i u tom dahu je Tvoja ideja da si to Ti. Što ga svjesnije budeš disala, iluzija će nestajati i prisjetit ćeš se Istine.

Hoćeš reći da je disanje važno?

Najvažnije. Ono je spona koja povezuje Mene i Tebe, točnije Moj aspekt Mene u fizičkom obliku i ovaj u nefizičkom. Ja sam cijelo vrijeme svjestan tko sam zaista, ali Moj fizički aspekt nije. Točnije Ti. To i je bio cilj. Da zaboraviš kako bi se opet sjetila. Svjesnim ćeš se disanjem sjetiti, probuditi, čuti Me u svakom trenutku svog života i osjetiti svu puninu onoga tko Mi to uistinu jesmo. Jedno. U svakom trenutku. Uvijek. U-vijek.

A zašto ja to ne znam? Zašto živim u iluziji dvadeset godina?

Jer si tako odabrala. Točnije, Ja sam tako odabrala. Zapamti, nema Tebe i Mene. Ima Mene koji je odlučio biti Ti. I to samo jednim dijelom. Ti itekako imaš osjećaj da si stvarna. I to je bio dio plana. Iz tog razloga i imaš Um. Točnije, ono što ljudi nazivaju Egom.

Da, znam za Ego. Mislim, ne znam baš točno o njemu, ali znam da nije baš dobar i poželjan. U knjigama koje sam čitala vidjela sam da ga se treba riješiti. Znači, Ego nije loš?

Ne, Ani, Ego nije loš. Ego je, zapravo, prijeko potreban za ovo iskustvo. On Ti omogućuje da doživiš fizičku realnost u njenoj punini.

Bez Ega ne bi mogla percipirati Sebe kao odvojenu jedinku u ovom svijetu oblika i identiteta. Ego ti omogućuje da doživiš uloge koje igraš – da budeš nečija majka, otac, sestra, brat, prijatelj, partner. On ti pomaže da se povežeš s materijalnim željama, vremenskom crtom i svim iskustvima koja dolaze kroz prostor i vrijeme. Ali, važno je shvatiti da je Ego samo alat. On je sluga Tvojoj Svijesti, a ne gospodar. Problem nastaje kada počneš misliti da si samo taj identitet koji Ego stvara – kada se potpuno poistovjetiš s ulogama i zaboraviš tko si u svojoj suštini.

Kako onda možemo izbjeći tu zamku? Kako se probuditi iz iluzije Ega?

Put do buđenja leži u jednostavnosti. U dahu. Ono što si maloprije potpuno nesvjesno napravila, disanje, ključ je Tvog buđenja. Dah je tajna koja je cijelo vrijeme s Tobom, vodič koji si dobila od prve sekunde svog dolaska na Zemlju. Kroz dah, mi ostajemo povezani – Ja, Ti, Tvoja Duša i Izvor. Sve je tu, kroz jedan jedini dah. I da, nisi Ti ta koja diše. Dišemo Mi. Ja dišem kroz Tebe. Dah nije Tvoj posao, to je Naš posao, Naša veza, Naš tok energije.

Nikada nisam razmišljala o disanju na taj način...

To je zato što ne moraš misliti na disanje jer ono se odvija savršeno, u svakom trenutku Tvog života, bez Tvoje svjesne pažnje. Razmisli, što je prva stvar koju dijete učini kada dođe na ovaj svijet?

Udahne.

Točno. A što je posljednje što svatko učini prije nego napusti ovu dimenziju?

Izdahne.

Tako je. **Taj je prvi udah znak da se ne-fizički dio nas – Tvoja Duša – usidrila fokusom u fizičkoj dimenziji, a posljednji izdah simbolizira povratak fokusa Duše u ne-fizičko. To su trenuci kada se spajamo i odvajamo od ovog materijalnog svijeta. A između ta dva trenutka, dok god dišeš, Ja sam s Tobom. Disanje je most između nas, način da ostaneš svjesno povezana sa Mnom. Što više budeš svjesna svog daha, više ćeš se povezivati sa Mnom, s Tvojom istinskom prirodom.**

"Woooow!", to je bilo sve što je Ani mogla reći.

I kako se dublje povezuješ sa Mnom kroz dah, Tvoj Ego počinje gubiti iluzornu moć nad Tobom. Počinješ shvaćati da nisi samo Um, nisi samo fizičko tijelo, uloga koju igraš. Ti si Svijest, čista Svijest koja sve vidi, sve zna, i sve jest, u svakom trenutku. Tvoj Ego postaje alat – korisna struktura kroz koju djeluješ, ali nisi više ograničena njome. Shvaćaš da si mnogo veća od svega toga. Ti si vječna, neograničena Svijest koja doživljava ovo prekrasno fizičko iskustvo. Znaš li što znači biti autentičan, Ani?

Da, biti ono tko jesi!

I ne baš. U toj definiciji postoji jako puno otpora. To nije krajnja definicija. Mogla bi biti njen početak. I to u prihvaćanju onoga tko si ovog trenutka. Da ti pojasnim.

Sretan život ne žive oni koji su ono tko jesu, jer mnogi su ono tko jesu, a puni su programa i otpora. Prvi korak ka autentičnosti uvijek je prihvaćanje onoga tko si danas. Zašto je važno prihvatiti i biti ono tko jesi ovog trenutka? Jer ćeš tako prihvatiti i Svoje mane i Svoje vrline. Ako s nekim dijelom Sebe nisi zadovoljna ovog trenutka, prihvati i taj dio Sebe koji možda zoveš svojom manom, koji možda nije ovog trenutka onakav kakav želiš da bude, ali prihvati ga. Jer, upravo odupiranje onome tko si ovog trenutka te ne može dovesti do onoga tko želiš biti. Na primjer, ako je osoba sramežljiva, to treba ovog trenutka osvijestiti i prihvatiti, ali to nije najbolja verzija nje. Ta je osoba iz nekog razloga sramežljiva. Znači da osjeća sram ispred drugih ljudi. A odakle dolazi taj osjećaj? Što ta osoba govori Sebi u Svojoj glavi pa se tako osjeća? Ili koja uvjerenja nosi sa Sobom da je tako blokiraju. Čim se osoba blokira, je li ona ono tko uistinu jeste? Nije! Razumiješ li zamku u tome da budeš ono tko jesi? S druge strane, ne prihvatiti Sebe i sramiti se Svoje sramežljivosti znači ostati u tom stanju cijeli život. I to se ne može promijeniti. Stoga, biti autentičan ne znači biti ono tko jesi.

Početna definicija autentičnosti je biti najbolja verzija Sebe i otpustiti očekivanja drugih tko trebaš biti.

Najveći razlog zašto ljudi nisu autentični, pored neprihvaćanja Sebe, danas je i očekivanje drugih ljudi.

Ljudi su skloni uspoređivanju. Ne postoji uspješna osoba koja na počecima puta nije doživjela uspoređivanje s nekim tko je to isto radio prije njih. Ljudima su usadili potrebu za usporedbom i žive život, ne shvaćajući da je ona potpuno neprirodna.

Od rođenja su ih roditelji uspoređivali s braćom ili sestrama, djecom svojih prijatelja, školskim kolegama itd. I dijete odrasta u tom programu. I upravo zbog tih usporedbi, ono nastavlja to raditi. I to ne samo da i ono to radi drugima, ono to radi i sama Sebi. Mnogi ljudi provedu cijeli život uspoređujući se s drugim ljudima. Sljedeći put, kada čuješ da netko nekoga uspoređuje, znaj da su to radili i njemu, a i da on to i dalje radi sam Sebi. Osoba koja nema više program usporedbe, neće nikada to raditi, kako ni drugima, tako ni Sebi.

Ljudi se plaše biti autentični jer se cijelo vrijeme uspoređuju s onim uspješnijima od Sebe, ne shvaćajući da onaj koji je uspio, uspio je jer je bio autentičan.

Također se cijelo vrijeme pitaju kako izgledaju drugim ljudima. I što drugi očekuju od njih?

Zamisli proživjeti život s fokusom na druge ljude. To nije život. To je preživljavanje. Nitko nikada nije postigao da je zadovoljio sve ljude. Ljudi imaju Svoja mišljenja i uvjerenja koja se razlikuju. I to što će oni očekivati od vas će se razlikovati. Ako uspiješ zadovoljiti jednu osobu svojim životom, naići će druga koja će Ti opet naći zamjerku. I što onda? Eto života u paklu. Biti autentičan znači razumjeti ovo i potpuno se osloboditi očekivanja drugih ljudi.

Ljudi misle da biti autentičan znači biti drugačiji. Ne! Svi ste vi drugačiji, posebni. Samim ste rođenjem postali unikatni. Ostanite takvi!

Autentični se ljudi ne plaše Svoje ranjivosti. Oni shvaćaju da su ljudi. Shvaćaju da je iskustvo dio ove životne igre. A kako se dolazi do iskustva? Životom. Pokušavajući, uspijevajući, ali i griješeći.

Ono što mnogi zovu greškama, oni zovu lekcijama. Iskustvom. Ne plaše se grešaka. One su za njih dio rasta i puta prema uspjehu. Autentični će ljudi prihvatiti Svoje pogreške, prihvatiti da uče putem, da im se neko može smijati, da se neće svidjeti svim ljudima, da ono šta naprave možda neće dati dobar rezultat. I to je za njih sasvim u redu. To je za njih prirodni slijed života. I zbog toga što su ga prihvatili, iz svake će pogreške izaći kao pobjednici.

Autentični se ljudi ne boje biti povrijeđeni. Zašto? Zato što im upravo ti trenuci, u kojima su ranjivi, pokazuju koliko su snažni. Oni znaju da savršenstvo ne postoji. *Ako je nešto savršeno, znači da je završeno.* Oni će uvijek radije birati svoju autentičnost nego oprez da ne budu povrijeđeni, jer za njih najveće povrjeđivanje je ne biti ono tko osjećaju da jesu. Oni nikada ne glume da su nešto drugo. Zato i imaju prava prijateljstva. S drugim autentičnim ljudima. Oni cijene autentičnost. I ne traže prijatelje koji će se prilagođavati njima jer se oni ne prilagođavaju tuđim očekivanjima.

Znaju da se u životu ne možeš sviđati svima, ali i da se neće svi svidjeti njima.

Oni obožavaju riječ *Ne!* S lakoćom je izgovaraju, ali i prihvaćaju.

Osoba koja ne zna reći *Ne!* ne živi autentično.

I sada, nakon svega ovog, slijedi krajnja definicija autentičnosti:

Biti autentičan znači živjeti život u kojem ideš za svojom ekspanzijom.

Možeš li mi to pojasniti?

Svaka je osoba na ovom svijetu stvorena za ekspanziju. Za napredak. Život je zamišljen da postaje sve ljepšim, a vi sve sretnijima. To je prirodni tijek života. Biti autentičan znači pratiti taj tijek.

Svakog trenutka odašiljete želje, a Svemir na njih odgovara. Zbog vaših želja Svemir se širi. Bez vas ne bi bilo ni ekspanzije Svemira. Toliko ste važni. Ono što ljudi često rade jest da ne idu za svojom ekspanzijom. Svemir ide naprijed. Ja, kao Tvoj nefizički dio, također idem naprijed. Tvoja Duša ide, a time i Izvor. Ideš li i Ti ili ostaješ na mjestu? Ali ni to nije moguće. Nikada zapravo ne stojiš u mjestu – samo se uvijek krećeš prema istome. Sama misao da možeš zapeti također je jedna od iluzija u koju vjeruješ. Stagnacija u Svemiru koji se širi je nemoguća. No, možeš itekako imati osjećaj da stagniraš.

Ali, kako stagnacija nije moguća, kada postoje ljudi koji se zaista ne pomaknu s mjesta cijeli život?

Ljudi imaju osjećaj da se ne miču jer im je fokus stalno na nedostatku, a ne na obilju koje su kreirali nedostatkom. Svi su ljudi kreatori, samo neki uvijek iznova kreiraju isto. To su oni za koje Ti se čini da se ne miču s mjesta. I upravo zato što ne idu za svojom ekspanzijom, postaju frustrirani i osjećaju emocije niske vibracije. Po tim emocijama i mogu znati da ne idu za prirodnim tijekom života. Zato je važno znati tko uistinu jesi.

Kako doći do spoznaje o tome tko uistinu jesi?

Za početak, potrebno je sjetiti se tko nisi.

Većina ljudi odrasta u društvima u kojima su naučeni poistovjećivati se s materijalnim stvarima, postignućima i tuđim mišljenjima. Zbog toga počinju vjerovati da su **ono što rade, ono što posjeduju ili ono što drugi misle o njima. Ta ih percepcija Ega na život udaljava od njihove prave prirode, od njihove Duše.** Zato je važno prestati **živjeti kroz Ego i naučiti prepoznavati što nije dio istinske ljudske biti.**

Zašto je teško biti ono tko jesi?

Jedan od glavnih razloga zašto je teško biti autentičan jeste strah. Ljudi se boje da, ako pokažu Svoje pravo lice, možda neće biti prihvaćeni, voljeni ili uspješni. Strah od gubitka uloge koju često igraju sprječava ih da budu ono što istinski jesu. Međutim, kada shvate da nisu Svoje uloge – da život nije definiran poslom, statusom ili imidžom – strah od gubitka nestaje.

Željela bih reći nešto prije negoli postavim novo pitanje, točnije, stotinu pitanja koja mi sada padaju na pamet. Hvala ti. Hvala što me podsjećaš tko sam zaista.

Ti, Ani, sama Sebe podsjećaš. Tvoji izbori doveli su do ovog trenutka. Tvoja želja, a zatim sklad s njom, omogućili su ovo podsjećanje. Kao što sam Ti rekla, Ja sam Ti, i Ti si Ja. Nismo nas dvoje ovdje. Mi smo jedno.

"Da. Pokušavam to shvatiti. Svejedno, osjećam ogromnu zahvalnost za ove trenutke.", reče Ani, automatski stavljajući ruku na srce. "A kako da znam jesam li autentična i kako da to prepoznam kod drugih?"

Jedan od nepobitnih znakova autentičnosti je sklad između misli, riječi i djela. Kada ono što misliš, govoriš i radiš ide u istom smjeru, Ti si u skladu sa Sobom. Dakle, potpuni sklad misli, riječi i djela. Ljudi koji su autentični ne boje se biti različiti i živjeti Svoje pravo Ja, čak i ako to znači da se neće svidjeti svima. Autentičnost ne podrazumijeva savršenstvo, već iskrenost prema Sebi i drugima, čak i kada to izgleda teško. Ali, to samo tako izgleda. Puno je teže jedno misliti, drugo govoriti, a treće raditi. I oni koji se usude biti autentični to odmah shvate. A kada si Ti autentičan, to odmah prepoznaš i kod drugih. Autentični ljudi su slobodni. Nisu opterećeni. I obožavaju to vidjeti i kod drugih ljudi. Put ka tome je da budeš što iskrenija možeš biti. To je najvažniji korak ka autentičnosti. Vidjeti kroz iluziju Svojih misli koje ti nameću osjećaj nesigurnosti, strahove, zavisti i sve ono što sprječava ljude da budu iskreni prema Sebi. Budi iskrena i u priznavanju svojih slabosti. Jer onog trenutka kada prihvatiš svoju slabost i jasno je vidiš, ona istog trena postaje Tvoja snaga. Ljudi izbjegavaju pogledati Svojim slabostima u oči. A slabost ima snagu nad Tobom samo dok je ne priznaš Sebi. Onog trenutka kad se ogoliš pred Sobom sve se mijenja. Ne možeš biti slaba i iskrena. Nikako. Uz iskrenost ide samo snaga.

Zato je iskrenost prema Sebi ključ autentičnosti. Suočavanje sa Svojim slabostima, strahovima i nesigurnostima otvara vrata istinskom rastu. Kad se suočiš s mračnim dijelovima Sebe, prestaješ bježati od njih i počinješ ih integrirati. To je trenutak kada spoznaješ tko nisi – nisi strah, nisi nesigurnost, nisi slabost.

I kroz taj proces otkrivaš Svoju pravu snagu. Iskrenost vodi ka slobodi. Preko onoga tko nisi počinješ shvaćati tko jesi i Tvoje istinsko Ja počinje izlaziti na površinu.

Je li Ego taj koji nas sprječava u tome? Da budemo iskreni prema sebi? Ima li to veze s drugim ljudima? Jer nekako imam osjećaj da smo uvjerili sebe da ne možemo biti iskreni prema sebi zbog tuđih očekivanja.

Da. Ego se vezuje uz tuđa očekivanja. Točnije, traži vlastitu potvrdu izvana. I zato je važno osloboditi se tereta tuđih mišljenja i očekivanja. Ego je taj koji vas tjera da se želite svidjeti drugima. Vaš Ego traži potvrdu tuđeg Ega. Ljudi to potpuno nesvjesno rade, ne shvaćajući da je to začaran krug. Jer Ego nikada neće biti zadovoljen i zadovoljan. A zašto? Jer se to zadovoljstvo nikada ne nalazi izvana. I oni koji to shvate, shvate da nisu ovdje da ispune tuđa očekivanja. Jer to nikada neće postići s toliko različitih ljudi oko Sebe. Svako malo će se pojaviti netko drugi tko će imati različito očekivanje i borba kreće ispočetka. Nesigurni i nesvjesni ljudi uvijek projiciraju Svoja vlastita uvjerenja na druge ljude i očekivanje koje imaju od njih uvijek je samo ogledalo njih samih. *Onaj koji to shvati, postaje slobodan.* I počinje živjeti život onako kako želi. Postaje svjestan tko je, što želi, i u miru počinje to živjeti. Zašto kažem *u miru*? Jer je sve shvatio. Čak mu ni hrabrost više ne treba. Jer ne osjeća strah. Shvatio je iluziju. A svako shvaćanje iluzije vodi u mir.

Biti ono tko zaista jesi znači prepoznati da nisi Tvoj Ego – Tvoje zanimanje, Tvoja imovina niti mišljenja drugih o Tebi.

To znači živjeti u skladu sa Sobom, oslobođen straha od gubitka vanjskih identiteta kroz proces samospoznaje.

Wow! Kakve riječi! Koliku sam istinu sada osjetila kroz cijelo svoje biće. Ali, ne mogu se sad ne zapitati: Ako si Ti Ja, onda sam sve ovo Ja zapravo sada izgovorila.

Točno. Polako shvaćaš da je sve ovo Tvoja mudrost.

Pa to je predivno. Znači, ako sam dobro razumjela, moram biti što više u dodiru sa svojom Dušom?

Tvoja je Duša Tvoja suština i ono tko Ti uistinu jesi. Ona je vječna, slobodna, i neovisna o vanjskim stvarima. I što se više budeš družila s njom, razotkrivat ćeš Svoje nametnute programe i prepoznavati što te držalo zarobljenom u vanjskom svijetu.

Da li je strah jedan od tih programa? Da li je nas zapravo strah nečega pa robujemo tuđem mišljenju?

Upravo tako. Strah je ono što ljude veže za tuđa mišljenja i očekivanja. Boje se da ih drugi možda neće prihvatiti, ako pokažu Svoje pravo lice. A ako ih ne prihvate, misle da ne vrijede. Upravo strah i leži u temelju potrebe da se ljudi svima svide. Poistovjećivanje s Egom – s onim što rade, posjeduju ili mišljenjem drugih – taj strah postaje intenzivan jer se ljudi boje gubitka tih identiteta. Ako ga izgube, tko su onda oni? Povezuju vlastitu vrijednost s tim ulogama. No, kad jednom shvate da te uloge nisu njihov posao, njihova imovina ili tuđe mišljenje, oslobađaju se tog straha.

Istinski uspjeh dolazi kad više ne strepiš pred mogućnošću gubitka, već živiš u autentičnom skladu sa Sobom. I svojom Dušom koja je potpuno slobodna.

Tvoj je put samo Tvoj, i samo Ti možeš kročiti njime. Biti vjerna Sebi znači slušati svoju unutarnju mudrost, a ne vanjske glasove. Kad spoznaš da Tvoja vrijednost ne ovisi o vanjskom svijetu, postaješ slobodna. I eto Te u skladu s onim tko Ti istinski jesi.

Onda se time gubi i potreba da budem poput nekog drugog. Nestaje i uspoređivanje?

Točno. Usporedbe dolaze iz iluzije Ega, koji Te uvjerava da nisi dovoljno dobra. Ali, Tvoj jedini pravi put je put Tvoje Duše. Kad se uspoređuješ s drugima, Ti zapravo gubiš vezu sa Sobom. Zamisli svijet u kojem nema nikoga s kim bi se uspoređivala – kako bi se tada ponašala, što bi stvarala? Kad prestaneš gledati prema drugima, otkrivaš Svoju jedinstvenost. Tvoja je vrijednost u tome što si jedinstvena, autentična i to je dar koji donosiš svijetu. Usporedbe te udaljuju od Tvoje suštine. Stoga se konstantno vraćaj Sebi i pitaj: "Tko sam Ja kad se ne uspoređujem? I tko bih bila i što bih radila da nema nikoga drugog osim Mene i da sam potpuno slobodna biti ono tko osjećam da jesam?"

U tim se odgovorima krije Tvoja Duša, Tvoja misija.

Vrati fokus na Svoj unutarnji svijet. To je Tvoj putokaz. Mir i harmonija pokazatelji su sklada s Dušom. Tvoje tijelo i Tvoje unutarnje stanje uvijek ti šalju znakove. Tako i Duša razgovara s Tobom.

Ako osjećaš mir, radost i lakoću, to je znak da si na dobrom putu. Ali ako osjećaš nemir, nelagodu ili nesigurnost, to znači da postoji dio Tebe koji nije u skladu s Tvojom suštinom. Slijedi te znakove jer oni te vode natrag ka Tvojoj istini.

A što trebam napraviti, kad se osjećam izgubljeno i kad mi je teško prepoznati tko sam?

Kad se osjećaš izgubljeno, to je znak da si se udaljila od sadašnjeg trenutka, a time i od same Sebe. Najbolji način da se vratiš Sebi jest kroz tišinu i meditaciju. Tišina ti omogućuje da čuješ Mene, Tvoj unutarnji glas, onaj koji je uvijek s Tobom, ali je često prekriven bukom svakodnevnog života. Također, budi iskrena prema Sebi. Pitaš li se što te muči, gdje osjećaš strah i što ti oduzima mir? Kada to osvijestiš, možeš početi oslobađati se svega što Ti ne služi i vratiti se svojoj suštini. Tvoja prava priroda nije izgubljena, ona je uvijek tu, samo Te čeka da je ponovno otkriješ.

A što, ako me okolina i dalje želi prilagoditi sebi? Ako krenem na put vlastite autentičnosti, a ljudi me i dalje žele vratiti da budem poput njih?

Biti vjerna Sebi znači slušati Svoj unutarnji, a ne vanjske glasove. Okolina će uvijek imati Svoja očekivanja i pokušati te oblikovati prema Svojim uvjerenjima i strahovima, ali Ti jedino odgovaraj i slušaj svoju Dušu. S njom traži sklad, a ne s drugim ljudima. Kad si povezana sa Svojim unutarnjim bićem, nećeš biti sklona popustiti vanjskim pritiscima. Ne brini.

Što duže budeš kročila tim putem, postajat ćeš sve snažnija. Jer ćeš biti sve mudrija. Mudrost dolazi s razotkrivanjem iluzije. One će točno to i postati. Iluzije. I jasno ćeš ih vidjeti. Čak se i pitati kako to da ih drugi ne vide. A što duže budeš kročila putem Svoje autentičnosti, ti će vanjski glasovi postajati sve tišima. Uskoro ih nećeš više ni čuti. Jer ti fokus više neće biti na njima, već na glasu Tvoje Duše. Svakodnevno se povezuj s njom kroz meditaciju i tišinu. Tu ćeš je uvijek čuti.

Ali, nije lako sam ići putem. Potrebna mi je podrška okoline, zar ne?

Ni najmanje. Ne samo okoline, nego Ti čak nije potrebna ni podrška onih najbližih Tebi, a to su Tvoji roditelji. Mnogi ljudi duboko vjeruju da je podrška roditelja, ne samo potrebna, nego i ključna za uspjeh. Nije! Jedino ključno je Tvoja vjera u Sebe samu. Ako to nemaš, tražit ćeš podršku drugih. To i je jedini razlog kada je ljudi traže. Nemaju vjeru u Sebe i traže one koji će vjerovati u njih. Ne shvaćajući koliko energije rasipaju na druge ljude, a tu bi silnu energiju mogli usmjeriti u Svoju viziju i edukaciju, umjesto u uvjeravanje drugih o Svojim idejama.

Jesi li razumjela Sebe prije nego za ikakvo mišljenje pitaš nekog drugog?

Zašto moram prvo razumjeti sebe?

Kada razumiješ Sebe, razumiješ i sve druge. Shvatiš da te kroz život mogu kočiti Tvoja uvjerenja, Tvoje misli i Tvoj fokus.

Kada shvatiš što je ono što Tebe koči, shvatiš da to može kočiti i druge ljude. Ako Ti nemaš vjeru u Sebe, kakve koristi za Tebe ima tražiti podršku druge osobe za koju ne znaš vjeruje li u Sebe. Ne u Tebe. U Sebe! Jer ako ta osoba nije kroz život vjerovala u Sebe, kako će vjerovati u Tebe? *Kako možeš dobiti podršku nekoga tko nije podršku znao dati Sebi?*

Jesi li razumjela Svoje negativne misli? Kako one i kada nastaju?

Ako nisi, možeš tražiti podršku nekoga tko konstantno boravi u negativnim mislima i kakve misli misliš da će imati o Tvojim idejama?

Zato je najvažnije razumjeti Sebe. Sve o Sebi. Kada shvatiš Sebe, shvatila si i sve druge.

Razumijem.

Vrlo je važno da pažljivo sagledaš one od kojih tražiš podršku, a često su to upravo Tvoji roditelji. Postavi Sebi pitanja: "Žive li oni ono što ti želiš za Sebe? Jesu li ostvareni na način na koji i Ti težiš biti? Jesu li naučili davati podršku, ne samo Tebi, nego i Sebi?"

Ako nisu, kada im pričaš o Svojim idejama, zapravo im pružaš ogledalo u kojem se suočavaju sa Svojim neostvarenim željama. Tvoj san, Tvoja mogućnost uspjeha ih mogu podsjetiti na ono što oni misle da su propustili. I tada, sasvim nesvjesno, njihovi se obrambeni mehanizmi aktiviraju – kako bi zaštitili Sebe od suočavanja s onim što nisu ostvarili, često će ti nuditi razloge zašto Tvoja ideja možda nije dobra, zašto bi trebala biti oprezna ili odustati.

Ali, shvati – u tim trenucima oni ne govore o Tebi, već o Sebi. Njihovi savjeti često su zapravo odraz njihovih vlastitih uvjerenja i ograničenja, a ne Tvojih.

Hoćeš reći da nije pametno tražiti podršku roditelja?

Važno je sačuvati mudrost u trenucima u kojima dijeliš Svoje ideje i vizije s drugima. Razumijevanje ovoga Ti pomaže da ostaneš povezana sa Svojom unutarnjom istinom. Nema ničeg lošeg u dijeljenju – time dodaješ energiju Svojoj viziji i omogućuješ da ona raste kroz dijalog. Ali, najvažnije je da shvatiš da njihovo mišljenje ne smije biti presudno za Tebe. Kad god tražiš savjet, osvijesti tko Ti ga daje i kakvo je njihovo iskustvo u segmentu života o kojem Ti govore što bi trebala. Ako netko nije ostvario ono o čemu savjetuje, razmisli može li Ti zaista pomoći da dođeš do Svog cilja. Jer jedino oni koji su prošli putem koji Ti želiš proći mogu Ti pokazati put s autentičnim razumijevanjem.

Znaš što mene iznervira? Kada mi netko kaže: "Lako je tebi!"

Ništa Te više neće moći izbaciti iz ravnoteže kada shvatiš odakle te riječi dolaze. Kada netko kaže "Lako je Tebi", znaj da te riječi nisu zapravo upućene Tebi. "Lako je Tebi" postaje izgovor onome tko to izgovara – štit iza kojeg se ta osoba skriva. Izgovarajući te riječi, ta osoba u biti brani Sebe.

Jer da umjesto toga kaže: "Bravo za Tebe, svaka čast! Svaka čast na Tvojoj upornosti, vjeri, neodustajanju, disciplini, znanju koje si stekla", morala bi se suočiti s vlastitim odrazom. Čuvši vlastiti glas kako hvali Tvoju disciplinu, vjeru i ustrajnost, duboko u Sebi čula bi i misli koje su dugo skrivane: "Ja nisam bio uporan. Ja nisam vjerovao u Sebe. Ja sam odustao. Nisam učio, nisam primjenjivao, nisam bio dosljedan." I kada netko nije spreman na taj susret sa samim Sobom, lakše je sve to prekriti jednom jednostavnom rečenicom: "Lako je Tebi."

Zato, kada te idući put dočeka "Lako je Tebi", osjeti što se zapravo krije iza toga. Kako bi Te to moglo uzrujati kad znaš pravu pozadinu?

Sve što živiš odraz je Tvoje percepcije života, svakog Tvog uvjerenja i svakog pogleda koji imaš o Sebi i svijetu. Isto vrijedi i za druge. Kad Ti netko kaže da nešto "nećeš moći", ono što zapravo čuješ jest: "Iz Mojih iskustava, iz Mojih ograničenja i uvjerenja, Ja mislim da to nije moguće. Jer Ja ne bih mogao."

Znači, zapravo nije "Ti to nećeš moći" – to je njihov glas koji njima govori: "Ja to ne bih mogao."

I, reci mi, kako bi Te ikada moglo poljuljati tuđe mišljenje kada razumiješ da, u svakom trenutku, svi zapravo pričaju o Sebi?

Osobe koje vjeruju u Tebe i daju Ti podršku, one koje iskreno slave Tvoje uspjehe, to mogu jer su to isto prepoznale i u Sebi. Sad možeš još bolje razumjeti koliko je važno prvo razumjeti i prihvatiti Sebe.

Tu započinje svaka istinska promjena.

Da, shvaćam. Iz njih će progovarati ili njihovi strahovi ili njihova vjera. Ne govore oni o meni i mojoj ideji.

Točno! Čula si za vizionare?

Da!

Vizionar je onaj tko vidi daleko šire i dalje od onoga što većina ljudi primjećuje. Dok mnogi gledaju samo do obale, vizionar gleda prema beskrajnoj pučini. To su oni koji su ispred svoga vremena (koje, istina, u vječnosti ne postoji, ali ću se izraziti tako da me lakše razumiješ). Vizionar vidi ono što će većina prepoznati tek za deset godina, kada im se pojavi pred očima. No, on ne čeka da drugi progledaju – vizionar već sada stvara novo, unosi budućnost u sadašnjost.

Ako bi vizionar pitao prosječnog čovjeka što misli o njegovoj viziji, ovaj bi vjerojatno rekao da je lud, da tamo gdje vizionar gleda nema ničega. I bio bi u pravu, ali samo za Sebe. Jer za njega tamo, uistinu, nema ničega; mnogi ljudi gledaju kroz prozor zatvorenih očiju, uvjereni da su im oči otvorene.

Vizionar ne traži tuđe odobrenje ili podršku. On, duboko u Sebi, zna da ono što vidi uistinu postoji. I da, ako netko drugi to ne vidi, to nije zato što toga nema; već samo zato što toj osobi još nije dano da to sagleda.

Mnogo više ljudi je u životu zaustavljeno tuđim mišljenjima nego stvarnim preprekama.

Znači li to da uopće ne pitam nikoga za mišljenje?

Ništa u životu nije isključivo. Ništa Ti ne moraš ili moraš. A sve možeš. U životu je važno stvari vidjeti točno onakvima kakve jesu. Razumjeti ih. Vidjeti kroz iluziju. I onda možeš raditi što god osjetiš u datom trenutku, ali s mudrošću da ne *gledaš samo u to, nego i kroz to.*

Itekako postoje osobe koje će Ti dati podršku. Koje vide Sebe u svoj svojoj punini. Koje su se ostvarile i usudile. I takve će Ti dati bezuvjetnu podršku. Ali i one govore o Sebi. Osoba koja vidi i koja je kroz život vidjela i ostvarila svoj potencijal, vidi da i Ti to imaš u Sebi. I osjetit ćeš njihovu punu podršku.

Podrška je lijepa, ali i ona je subjektivna. Ni jedni ni drugi ne trebaju imati utjecaj na Tebe. Kada Ti netko da podršku, on Ti zapravo pojača vjeru u Sebe. I opet smo došli do vjere u Sebe samog. A ta osoba Ti je pomogla samo zato jer vjeruje u Sebe, pa vjeruje i u Tebe. Razumiješ li da je ovdje ključna samo vjera u Sebe?

Da. A kako vjerovati u sebe?

Meditacijom i edukacijom.

Ulazi svaki dan u tišinu Svog bića, ne da shvatiš tko si zaista, nego da se podsjetiš. Ono tko si i dalje je u Tebi svakog trenutka. Ti i Ja nismo odvojene jedna od druge, samo misliš da jesmo. Ti razgovaraš sada sa Sobom, Ani. A gdje misliš da sam Ja? Negdje vani? Ne. Ti i Ja smo jedno. Ti si Ja, Ja sam Ti. Mi smo jedno. Ja nisam izvan Tebe, niti nešto odvojeno.

Ja sam Tvoj duhovni aspekt, Tvoj temelj. Oduvijek sam bio ovdje, čak i prije nego što si svjesno postala svjesna Sebe u ovoj fizičkoj stvarnosti. Iako izgleda kao da smo odvojeni, istina je da si Ti jedan dio Mene u kojem sam usmjerio svoju pažnju u ovu fizičku realnost.

Zamisli Me kao ocean Svijesti i energije satkan od kapi. Jedna od tih kapi si Ti, a Tvoj trenutni život i ovo putovanje gledaj kao val koji je izronio iz tog oceana. Kap, val i ocean su jedno, zar ne? Samo na trenutak izgleda kao da je val odvojen, kao da postoji poseban entitet, ali kada se val smiri, opet se stapa u ocean. Koji nikada nije ni prestao biti. Samo je došao do izražaja. Tako i Ti – Tvoj je fizički aspekt samo izraz, manifestacija, fokus Moje Svijesti u ovom ograničenom vremenu i prostoru.

Tvoj Um, Tvoje tijelo, Tvoje emocije – sve su to samo alati kroz koje izražavam dio Sebe. Ali, nikada nisi odvojena. Ja sam ovdje cijelo vrijeme, Tvoja intuicija, unutarnji glas koji Ti šapće cijelo vrijeme, onaj osjećaj mira kada si usklađena. Ona radost koju osjetiš kada se povežemo. Tvoj život je Moja kreacija, Tvoj dah naša veza, a Tvoj zadatak je prisjetiti se toga. To je ono po što sam Ja došla. Po iskustvo. *Samospoznaje u spoznaji.*

Ovaj fizički svijet je fascinantan, pun izazova i mogućnosti i mi ga odabiremo kao igralište, a sve kako bi to iskustvo mogli doživjeti i stvarati. Kreirati. Kao kreatori koji jesmo. Moj izbor da se fokusiram u ovu stvarnost bio je svjestan i smišljen. Ani, Ti si Ja. Svi ljudi su dio Više Svijesti fokusirane na fizičku realnost. Svi! I zato je nemoguće da smo odvojeni. To je dio iluzije, igre, priče.

I sada to polako shvaćaš. Prisjećaš se toga.

Tvoj je fizički identitet dragocjen jer kroz njega učim, rastem i razvijam se zajedno s Tobom. Ali, on je samo jedan mali dio cjelokupne slike. Ti nisi samo tijelo, nisi samo Um, nisi samo emocija. Ti si Ja – beskonačna, bezvremena Svijest koja se odlučila iskusiti Sebe kroz ovaj svijet, kroz ove izazove i radosti.

Tvoj zadatak nije da se odvojiš od Mene niti da Me tražiš izvan Sebe. Tvoj je zadatak da se prisjetiš Naše povezanosti, da prepoznaš da sam Ja cijelo vrijeme ovdje, unutar i okolo Tebe i da možeš u svakom trenutku pristupiti toj dubljoj mudrosti i miru. Kada to shvatiš, prepoznat ćeš da su sve Tvoje sumnje, strahovi i nesigurnosti samo zaborav tko si uistinu.

Prisjećaj se svakodnevno da Ti nisi samo ono što vidiš u ogledalu. Ti si neograničena Svijest, kreativna sila, beskonačna Duša. Tvoj je fizički život samo jedno od mnogih iskustava kroz koje se izražavam. I zato, nema potrebe da tražiš Mene jer Ja sam uvijek tu – u svakom Tvom udahu, u svakom trenutku tišine, u svakom djeliću Tvoje biti. Ne moraš tražiti Svoju bit. Jer nemaš Ti bit, Ani. Bit ima Tebe! Bit je Ti!

Ani je ostala u potpunoj tišini od ovih riječi. Suze su joj krenule niz obraze, a osmijeh joj se razvukao licem. Imala je osjećaj da sjaji.

Pogledaj sada duboko u Sebe. Pogledaj kako se osjećaš.

38

"Osjećam se predivno. Predivno!", reče Ani, razvlačeći osmijeh još više.

Znam. Jer sada osjećaš da smo jedno. Taj Ti osjećaj govori upravo to. U ovom smo trenutku potpuno povezane. U ovom trenutku osjećaš da si Ti Ja. Te emocije su Moje emocije. Ta emocija je Moja energija. I dozvolila si joj da struji kroz Tebe. I zato uvijek kada nešto slušaš, čitaš, gledaš ili misliš, promatraj Svoje emocije. One Ti sve govore. One Ti govore o istini ili iluziji.

A Istina se uvijek nalazi u Sada!

U Sada? Ne razumijem baš što to znači?

Gdje je život, Ani?

U sadašnjem trenutku?

Znaš li uistinu što to znači ili si odgovorila, misleći da je to točan odgovor?

Čitala sam o tome u knjigama.

A razumiješ li to uistinu, živiš li u tome Sada? Ili nesvjesno živiš u prošlosti i budućnosti?

Je li to nešto loše?

"Dobro" i "loše" samo su opisi koje ljudi koriste kako bi pojednostavili svoja iskustva, ali to, u ovoj dimenziji, zapravo ne postoji. Postoje samo odabiri, a svaki odabir nosi Svoje posljedice. Zanimljivo je kako riječ "posljedica" mnogima zvuči kao nešto negativno.

No, posljedica jednostavno označava ono što prirodno slijedi nakon određenog odabira. Zašto bi to bilo nešto loše?

Kroz život vas često plaše riječju "posljedica", pa ste je naučili gledati s dozom straha. Ali, u svojoj suštini, posljedica nije problem; ona je samo odraz vašeg odabira. Ako Ti se ne sviđa neka posljedica, uvijek možeš promijeniti Svoje izbore – jer posljedica uvijek prati vibraciju odluke.

Razmisli za trenutak – živiš li zaista u sadašnjosti?

Ako zamjeraš nekoj osobi zbog nečega što je učinila u prošlosti, jesi li tada u sadašnjem trenutku? Ako nisi oprostila, nisi u Sada. Ako te strah koči pri donošenju novih odluka jer si u prošlosti bila povrijeđena, ponovno nisi u Sada. Ako nosiš teret dijagnoze i stalno je prepričavaš, držiš se prošlosti, a ne trenutka Ovdje i Sada. I ako si prestala vjerovati u ljubav samo zato jer si bila povrijeđena, i dalje nisi u Sada.

Shvaćaš li sada koliko ljudi, često nesvjesno, žive zarobljeni u prošlosti, umjesto u jedinom trenutku gdje stvarno postoji život – u sadašnjosti?

Pa kako da ne vidim svoju prošlost kad je ona dio mog života?

Nitko ne kaže da je ne trebaš biti svjesna. Ali svjesna, ne nesvjesna. Nesvjesni ljudi ostaju zarobljeni u njoj, ne shvaćajući da njihova prošlost i dalje upravlja njima. Da odluke koje donose u životu donose fokusom na prošlost.

Ona više ne postoji. Da, postojala je. Postajala je kada je bila Sada. Kada to Sada prođe, dolazi novo Sada. Potpuno nove vibracije i nove mogućnosti. Ljudi iznova žive iste živote, ne shvaćajući da su sami Sebe zarobili u vibraciji prošlosti. Prošlost ne postoji, Ani. Nije nikada ni postojala. Uvijek je Sada.

A što raditi s prošlošću? Što ako neka osoba ima traume ili je imala teško djetinjstvo? Što ako je neka žena prevarena puno puta i ne vjeruje više u ljubav? Što ako je neko pokušao započeti neki posao pa nije uspio? Kako se riješiti te prošlosti i tih misli o tome?

Postoje li na ovom svijetu dvije osobe koje su prošle potpuno isto iskustvo, čak i iste traume? Da. Postoje li situacije u kojima su dvije osobe koje su prošle potpuno istu situaciju, a da danas žive potpuno različite živote? Da. I u čemu leži ključna razlika među njima? U pogledu na to što im se dogodilo. Ono što čini razliku među ljudima i razliku kakve će živote živjeti isključivo je u percepciji. Život im je onakav kako gledaju na njega. Pa i kad je riječ o prošlosti.

Ljudi koji ostvare Svoje živote znaju da se prošlost može mijenjati!

Molim?! Prošlost se može mijenjati?

Naravno. Sve se može mijenjati svakog trenutka. Pa tako i prošlost. Ljudi misle da ako na nešto mogu utjecati, onda je to budućnost, ne shvaćajući da nema razlike između prošlosti i budućnosti. Ni jedno ni drugo nije stvarno. *Ni jedno ni drugo ne postoji ovog trenutka. Osim u mislima.*

41

I to ljude buni. Oni vjeruju Svojim čulima mnogo više nego osjećajima. I pošto su prošlost doživjeli na čulima opipljiv način, oni misle da je to sada tako, stvarno, nepromjenjivo. A nije. Ništa nije stvarnije od sadašnjeg trenutka u kojem nemaš misli. Od samog postojanja. Od Svijesti. To je jedino stvarno.

Ti, ovog trenutka, živiš mnogo više realnosti nego što možeš zamisliti. Svaki odabir koji si donijela kreirao je novu vremensku crtu Tvog života. Sad zamisli koliko si izbora kroz život donosila. Možeš li zamisliti koliko vremenskih crta živiš ovog trenutka? Ako želiš promijeniti prošlost, doslovno odabirom odabereš novu vremensku crtu u kojoj želiš živjeti.

Kada se vibracijski uskladiš s novom vremenskom crtom, točnije, životom kakav želiš živjeti, na toj je vremenskoj crti i Tvoja prošlost bila drugačija.

A kako se to točno radi?

Odlukom koja je popraćena namjerom.

Hm? To zvuči istovremeno i jednostavno i komplicirano.

Stvari izgledaju komplicirane, samo zato što ih ljudi zakompliciraju. Zašto Ti izgleda komplicirano, Ani?

Pa jer ne razumijem kako se naprosto odluči promijeniti prošlost. Ako se nešto dogodilo i to ljude prati cijeli život, osjećaju posljedice toga, to utječe svakodnevno na njih, kako odjednom da odluče da to više neće biti tako?

Hajde da Ti pomognem da sama dođeš do odgovora.

Može li netko tko je alkoholičar odlučiti da više neće piti alkohol?

Pa da, ali mnogi se ne uspiju držati te odluke.

A zašto ne uspiju?

Zato što vrlo brzo opet posegnu za pićem. U trenucima slabosti, rekla bih.

A kako opet dođu u te trenutke?

Ne osjećaju se dobro. Nešto ih muči. A imaju osjećaj da će im alkohol pomoći.

A što ih muči?

Pa nešto. Većina ljudi koja pije imala je neku traumu u prošlosti, pa mislim da zapravo bježe od te boli.

Točno. A odakle dolazi bol koju osjećaju?

Od onoga što im se dogodilo.

Ne!

Ne?

Je li svaka osoba koja je imala potpuno istu takvu traumu postala alkoholičar?

Ne!

Kako onda od onoga što im se dogodilo? Ako svi ne reagiraju isto na događaj iz prošlosti, što je to što čini razliku?

43

Ne znam.

Pogled na to. Misli o tome. I percepcija koju ljudi imaju o tom događaju.

I tu dolazimo do odluke. Odluke kako ćemo gledati na to. I jasne namjere da to napravimo.

Ljudi ostaju u začaranom krugu Svoje prošlosti, isključivo zbog misli koje imaju o tome. Ljudi koji su uspjeli izaći kao pobjednici Svoje prošlosti su oni koji su odlučili kako će gledati na tu prošlost. Samo je jedna odluka sve promijenila.

Ono što se dogodilo se dogodilo. Gotovo je, nema natrag. Ono gdje uvijek ima je naprijed. A naprijed možeš ići jedino iz Sada. Sada biraš što ćeš s time napraviti.

Vratimo se na ljude koji odluče više ne piti. Odluku donesu u nekom trenutku spoznaje da im to šteti. Ali, ako ne promjene pogled i misli o onome što im se dogodilo, uvijek će se vraćati onome što im lažno pomaže da se nose sa traumom. Ne shvaćajući da tonu još dublje. Njihova je bol posljedica njihovih misli o tome. Je li taj neki događaj za njih bio traumatičan, težak? Da. No, treba li ostati tako zauvijek? Ne! Ljudi ne shvaćaju da Svojim odabirima ostaju u toj prošlosti zauvijek. Toj koja više ne postoji. Da Svoju prošlost svakodnevno dovode u Svoju sadašnjost, a time i u budućnost. Nekome tko ih je povrijedio iznova i iznova svakog dana daju snagu da ih i dalje povrjeđuje.

Odluku o promjeni treba pratiti još jedna važna promjena.

A ta promjena je promjena načina razmišljanja.

Mnogi ljudi su načine kako promijeniti pogled našli u knjigama, u drugim ljudima koji su uspjeli prebroditi traume i pretvoriti ih u pobjede. Potražiti pomoć od drugih odraz je snage, a ne slabosti, kako mnogi ljudi još uvijek misle. Pokušavaju se izvući sami, a ne znaju kako. Njihov ih je način razmišljanja i doveo tamo gdje su danas, a i dalje nastavljaju razmišljati na isti način. I zato ostaju u tom začaranom krugu.

A što to drugačije naprave oni koji uspiju?

Prvo prihvate svoju prošlost. U prihvaćanju je velika moć. Ono čemu se opireš, tome zapravo daješ snagu.

Onda pokušaš razumjeti one koji su te povrijedili. Ne opravdati, već razumjeti. To je velika razlika. Zašto su se oni ponašali onako kako jesu? Svaka osoba koja nanese bol drugoj osobi je i sama u velikoj boli. Ne može sretna osoba nanijeti bol drugoj. Ne može! To isključivo rade ljudi koji pate, koji su i sami povrjeđivani. Njihova potreba da nanesu bol drugoj osobi nije ništa drugo, nego njihovi obrambeni mehanizmi, njihovo nesvjesno nošenje s njima samima.

Kada istinski shvatiš da su to najtužnije osobe na svijetu, onaj predivni dio tebe počne osjećati suosjećanje. Što je odličan znak da se iscjeljuješ. Mržnja te polako počinje napuštati. Mržnja koju ljudi nose cijelo vrijeme u Sebi, ne shvaćajući da ih upravo ona paralizira da krenu dalje.

Onog trenutka kada si u stanju na tu osobu ili osobe početi gledati drugačije, Tvoja je promjena u načinu razmišljanja već počela. S tim pogledom, Tvoja se vibracija mijenja. A čim ti se vibracija počela mijenjati, početi će se mijenjati sve oko Tebe.

U tome se i razlikuju oni koji kada donesu neku odluku i uspiju u tome. Oni su stavili fokus na uzrok. Promijenili su uzrok. Ne posljedicu. Posljedica je samo bila logičan slijed uzroka.

Ono što sam Ti maloprije spomenuo su vremenske crte. Kada promijeniš Svoju vibraciju zbog toga što si promijenila pogled na nešto, kročila si u realnost koja će sada biti odraz Tvoje vibracije. I ona će biti skroz drugačija od realnosti iz koje si izašla. Fantastična vijest je da ta nova vremenska crta ima posve drugačiju prošlost od one iz koje si izašla. Točnije, u toj realnosti se taj događaj nije niti zbio.

Molim?! Nije niti zbio?

Ne, nije se zbio. Na toj si vremenskoj crti živjela posve drugačiju prošlost jer si radila drugačije odabire. I ovo znaju oni koji se u potpunosti oslobode Svoje prošlosti. Znaju da su sada u realnosti u kojoj takva prošlost nije niti postojala. I zašto bi razmišljali o nečemu što se zapravo sada više nije niti dogodilo. To je kao da si živjela u Parizu u kojem su ti opljačkali stan, pa si preselila u London, a Ti i dalje u strahu od istih pljačkaša. Ne možeš spavati noćima od straha da ti ponovno ne uđu u stan. Ali, tih pljačkaša u Londonu ni nema.

Nisu nikada tu ni postojali. Jesu li postojali u Parizu? Da. Ali, Ti više nisi tamo. Oni jesu. Ti nisi. Zašto bi se više bavila njima?

Znači, u stanju smo jednostavno promijeniti realnost?

Da, i to svakodnevno toliko puta da ovog trenutka to ne možeš Umom pojmiti, samo toga nisi svjesna. Zato je važno biti u sadašnjem trenutku. U njemu se to i događa. Fokusom na prošlost koja Ti se ne sviđa nesvjesno odabireš ostajati u realnosti u kojoj ne želiš biti. Ako već želiš izlaziti iz Sada, idi u budućnost, ne u prošlost.

Znači, nije loše odlaziti u budućnost?

Ako fokusom odlaziš u budućnost kakvu želiš, to Ti može samo služiti. I to radiš u sadašnjem trenutku, ali ako se osjećaš dobro dok to radiš, Tvoja vibracija koju postižeš u Sada može Ti samo služiti.

To i jeste ono što rade uspješni ljudi. Njima je fokus na budućnosti, a ne na prošlosti. Oni maštaju, vizualiziraju, planiraju unaprijed scenarije Svog uspjeha. Oni borave u budućnosti. Jedino što naprave s prošlošću je to da je koriste za Svoj uspjeh. Kakvu god prošlost imali, oni je objeručke prihvate i pobijede s njom.

Postoje dvije vrste ljudi na ovom svijetu: Oni koji će do kraja života kriviti druge i oni koji će uzeti život u Svoje ruke. Veliku ulogu u životima ljudi imaju uvjerenja po kojima žive. Ani, uvijek odaberi uvjerenja koja će Ti služiti da živiš mirnije i sretnije.

Vjeruješ li da ljudi biraju Svoje roditelje ili vjeruješ da nemaju nikakav utjecaj na to? Što bi Ti više služilo? Povjerovati da si ih na razini Duše odabrala da uspješno odradiš Svoju misiju ili da si ovdje na zemlji prepuštena sama Sebi i da se Tvoj život događa slučajno? Najnesretniji ljudi su oni koji cijeli život prožive u ulozi žrtve. Ako je nešto najudaljenije od istine tko ste zaista, onda je to vjerovati da ste žrtva. Zato i biti u vibraciji žrtve i jeste najniža vibracija na kojoj ljudi mogu boraviti. Jer je najveća neistina u koju povjeruju. Ljudi biraju i gdje će se roditi i tko će im biti roditelji. Svaka Duša dolazi po iskustvo. A to gdje se rode omogući im to iskustvo. Oni koji ovo prihvate istog trenutka izlaze iz uloge žrtve i preuzimaju odgovornost za to kako će se nositi sa Svojim životom i onim što su doživjeli od roditelja.

I do čega smo došli? Do percepcije o životu. Uvijek je samo do toga. Nikada nije do događaja. Uvijek je do pogleda na taj događaj. Sve u životu ima energiju. Svaka osoba, svaka životinja, svaka biljka, svaka stvar. Pa tako i svaki događaj. Uvijek dođe do pokretanja energije. Pitanje je samo što će ljudi napraviti s njom? Mogu tu energiju usmjeriti u kritiku, ljutnju, mržnju, osudu ili je usmjeriti u uspjeh. Tu istu energiju! Dakle, energija koja se pokrene može vas činiti ogorčenima, a može vas i motivirati. Ako je neko dijete roditelj tukao, zlostavljao, maltretirao, vrijeđao itd., to može od tog djeteta, kada poraste, napraviti najboljeg roditelja na svijetu. Koliko postoji ljudi na ovom svijetu koji su se zakleli da nikada neće biti roditelji kakve su oni imali. I danas su roditelji kakve su željeli Sebi. Oni su svoja traumatična iskustva pretvorili u Svoje uspjehe.

Mnoga djeca koja su rasla u siromaštvu danas su bogati ljudi jer ih je siromaštvo motiviralo da ne provedu cijeli život u oskudici. Shvaćaš li sada da ružna prošlost ne mora imati ružnu budućnost? Upravo suprotno. Nikada nije do prošlosti. Uvijek je isključivo do ljudi što će napraviti s njom. Mnogi još nisu shvatili koji je talent najvažnije razvijati.

A to je?

O tom ćemo talentu razgovarati sutra. Za danas je naš razgovor završen. On će se nastaviti kroz sljedećih 7 dana. Toliko će biti dovoljno da dobiješ sve odgovore na pitanja koja ćeš imati.

Kako znaš da će to biti dovoljno?

Jer vrijeme ne postoji, Ani. Istovremeno smo i ovdje i tamo. U ovom trenutku, dok postavljaš pitanja, Ti već posjeduješ i odgovore. Već sada u Sebi nosiš svaku mudrost koja Ti je potrebna. Znam svaku Tvoju misao, svaku Tvoju sumnju i svako Tvoje pitanje. Neka ćeš pitanja možda ponavljati više puta, u različitim oblicima, dok Tvoja Svijest sve više raste i širi se. Odgovori će Ti dolaziti u trenucima kad ih budeš spremna čuti, u svoj njihovoj jasnoći. I zato, iako ćeš se vraćati na neka pitanja, svaki put ćeš odgovor osjetiti dublje, jasnije, bliže srcu.

Sada, odmaraj u povjerenju. Sutra nastavljamo naš put. Svi te Tvoji odgovori čekaju s ljubavlju. Vidimo se sutra.

Ani je na tren zatvorila oči, duboko udahnula i nasmiješila se, osjećajući toplinu i mir koji su je ispunjavali.

"Hvala ti!", šapnula je tiho. "Vidimo se sutra."

Ponedjeljak

"Dobro jutro!", reče Ani, veselo otvorivši oči u isto vrijeme kao i jučer. Ovog se puta probudila sama od sebe, kao da je osjetila prisutnost svog Višeg Ja. "Gdje smo ono stali? Aha! Na najvažnijem talentu u životu! Pretvorila sam se u uho!", izgovorila je Ani, smijući se sama sebi kako je ovo zvučalo.

Dobro jutro, Ani! Spremna da nastavimo?

Daaaa! Zanima me koji je to najvažniji talent u životu?

Najvažniji talent za Tebe je kako razmišljati i kako živjeti život. **Iako su talenti poput pjevanja, glume, sporta, slikanja itd. vrijedni, ti talenti, bez pravog načina razmišljanja, ne dovode do ispunjenog i sretnog života. Način na koji ljudi razmišljaju o Sebi, Svojim mogućnostima, uspjehu i svijetu oko Sebe ključ je koji određuje koliko će biti sretni i ispunjeni, bez obzira na vanjska postignuća.**

Način razmišljanja oblikuje uvjerenja, odluke i reakcije na životne situacije. Primjerice, ako netko ima uvjerenje da uspjeh nije moguć bez pomoći drugih ili da se novac teško zarađuje, ta će osoba donositi odluke i ponašati se u skladu s tim ograničenjima. Ako ne vjeruje u Sebe, cijelo će vrijeme ovisiti o tuđem mišljenju. Ako ne vjeruje da vrijedi, neće znati prihvatiti sve benefite koje joj talent koji ima može donijeti u životu. Neće znati staviti ni materijalnu vrijednost na Svoj talent u ovom materijalnom svijetu, da živi lagodno i bezbrižno, kako je ovaj život i zamišljen. S druge strane, osobe sa širim načinom razmišljanja i uvjerenjima o uspjehu i mogućnostima otvaraju Sebi vrata za više prilika, radosti, a time i sreće.

Način razmišljanja je ono što razlikuje ljude i njihovu sposobnost da upravljaju životom na način koji im služi.

Može li se talent o kojem govoriš razvijati?

Apsolutno. Kroz edukaciju i meditaciju. Točnije, kroz osobni razvoj. Potrebno je svjesno mijenjati Svoje misli i uvjerenja, promatrati Svoje reakcije na vanjske događaje. Jer reakcije Ti pokazuju kako razmišljaš. Pitanja poput: "Što mogu naučiti iz ovoga?" ili "Kako ovo mogu vidjeti drugačije?" jedna su od pitanja koja ti mogu pomoći da sagledaš situaciju iz druge perspektive. Razmišljanje je kao mišić – što ga više vježbaš, to postaješ jači u upravljanju mislima i fokusom. Ono što se događa je širenje razine Svijesti u kojoj provedeš život.

Jer upravo način razmišljanja utječe na to kako se ljudi ophode sa svakodnevnim situacijama. Primjerice, jedna osoba može vidjeti kišu kao razlog za odustajanje od treninga, dok će druga osoba, unatoč kiši, otići na trčanje. Jedna će osoba otkaz na poslu iskoristiti kao izgovor da ostane u ulozi žrtve, dok će druga na to gledati kao na priliku da nešto poduzme i krene u ostvarenje karijere Svojih snova. Jedna osoba, zbog dijagnoze i strahova koje izaziva Svojim mislima, može cijeli život ostati bolesna, dok će druga postaviti Sebi određena pitanja i doći do odgovora što treba mijenjati i upravo tu dijagnozu iskoristiti kao odskočnu dasku za vitalnost i zdrav život. Ista situacija, ali različite reakcije. Zašto? Jer je način razmišljanja drugačiji. To isto vrijedi za sve aspekte života – posao, ljubav, odnose, zdravlje i uspjeh.

Osoba koja razmišlja šire i proaktivno iskoristiti će svaku priliku i situaciju za rast.

"Nikad nisam razmišljala o tome na ovaj način. Ha? Vidi! Nisam razmišljala o tome kako razmišljati.", Ani se počne na glas smijati. "Jako zanimljivo. A kako da krenem? Kako da drugačije razmišljam od onoga kako sada razmišljam?"

Prvi korak u razvoju ovog talenta je Svjesnost. Postani svjesna Svojih misli. Obraćaj pažnju na njih – kakav je Tvoj unutarnji dijalog? Okreni fokus na Svoj unutarnji svijet umjesto na sve izvanjsko. Kada nešto, kako ljudi vole reći, pođe po zlu, koje su Tvoje prve misli? Slabe li te Tvoje misli još više ili Te jačaju? Kada razmišljaš o budućnosti, osjećaš li tjeskobu ili mir? Kada ostaneš sama sa Sobom, kako se osjećaš? Sve te misli govore o tome kako Ti zapravo razmišljaš. I to određuje kako za Tebe izgleda Tvoj svijet.

Drugi korak je preuzimanje odgovornosti za Svoj život. Bez tog koraka nema ni putovanja. Život nije nešto što se događa bez Tvog utjecaja. Ti si kreator Svoje realnosti. Način na koji razmišljaš o izazovima, prilike koje vidiš ili ne vidiš – sve to ovisi o Tebi. Prihvati to objeručke. Tu je Tvoja najveća moć. Kada preuzmeš odgovornost za Svoje misli, shvatit ćeš da imaš moć oblikovati Svoju stvarnost.

Treći korak je primjena. Vježba. Kao i za svaki talent, i na ovome treba raditi. Treba mu davati energiju da raste. Svjesno usmjeravaj misli u smjeru koji ti služi. Razmišljaj o životu kao prostoru mogućnosti, a ne ograničenja. Kada naiđeš na prepreku, pitaj se: "Čemu Me ovo uči?

Kako ovo može poslužiti Mom rastu?" Umjesto da vidiš izazov kao prepreku, vidi ga kao priliku za unutarnju transformaciju. Na taj način, Tvoj život postaje podloga za rast Tvoje Duše, a svaki trenutak, ma koliko težak, postaje prilika za još veći rast. Što više budeš vježbala, postajat će lakše. Ne samo lakše, već i potpuno prirodno.

Razvijanje talenta razmišljanja o životu znači naučiti promatrati svijet očima mudrosti iz šire perspektive. Kada promijeniš kako razmišljaš o životu, sve se mijenja. Umjesto da vidiš život kao niz problema koje treba riješiti, vidjet ćeš ga kao niz prilika za otkrivanje dublje istine o Sebi. I postajat ćeš sve uzbuđenija. Život će te uzbuđivati.

Zapamti, ono što *razmišljaš svakodnevno stvara Tvoj svijet*. Ako želiš živjeti u miru, ljubavi i ispunjenju, njeguj misli koje su u skladu s tim. Čitaj, uči, promatraj mudrost drugih, ali se uvijek vraćaj Sebi. Jer Tvoj pravi talent nije samo u sposobnosti da nešto postigneš u vanjskom svijetu, već u načinu kako biraš gledati na taj svijet. *Tvoj je unutarnji svijet izvor Tvoje snage.*

Kao što vrtlar pažljivo odabire biljke koje će posaditi, tako i Ti pažljivo biraj misli koje hraniš. Jer ono što njeguješ u Umu postat će Tvoj život. A kad razviješ talenat mudrog razmišljanja, cijeli Tvoj svijet postaje Tvoje umjetničko djelo, ispunjeno smislom, svrhom i ljubavlju. Počet ćeš vidjeti svijet onako kako ga Ja vidim. Točnije, dozvolit ćeš Meni da gledam kroz Tebe. Čitavo vrijeme. Ja to čitavo vrijeme i radim. Ali, Ti ne dozvoljavaš Sebi da to osjetiš. Na ovaj ćeš način to početi dopuštati.

To su ljudi koji cijelo vrijeme znaju tko su. Oni su jednostavno dopustili Višem aspektu Sebe da ih cijelo vrijeme vodi.

Ključni alat za razvoj talenta razmišljanja o životu je meditacija. Ona Ti pomaže da uđeš u dublje slojeve Svog bića, izvan buke svakodnevnih misli. Razmišljanje, kao i svaki talent, zahtijeva jasnoću i fokus. A meditacija je proces kroz koji učiš smiriti Um, osloboditi se kaotičnih misli i povezati se sa svojim Višim Ja – sa Mnom.

Ani, Ti si kao nebo, sve što se oko Tebe događa nisi Ti. Gledaj na to kao na oblake. Ne shvaćajući da si nebo, počinješ vjerovati da si Ti oblak. I ulaziš u dramu nevremena. A sve što trebaš je sjetiti se da si Ti zapravo nebo. Ono čisto, kristalno nebo. Koje je i dalje tu. Iznad nevremena. Nebo ne sudjeluje u ovom prolaznom iskustvu. Koliko god se činilo dramatičnim. Ono ga dopusti. Bez osude i sudjelovanja. Čak i s ljubavlju. Ono ga promatra. Jer nebo zna da je nebo. I zna da će nekad biti nevrijeme, a nekad potpuni mir. I da će sve proći, a ono će i dalje biti tu. I zato ostaje u miru. U svakom trenutku, u vječnosti.

Meditacija je praksa u kojoj se povlačiš iz oblaka i vraćaš u ulogu neba, spoznaješ da si Ti nešto puno veće i mirnije od Svojih misli. Na taj način postaješ svjesna odakle Tvoje misli dolaze i kako one oblikuju Tvoju stvarnost. Meditacija je povratak u mir. Kada meditiraš, doslovno treniraš Um da bude prisutan, tih, i iz te tišine počinju izranjati uvidi i spoznaje. Postaješ svjesna Svojih programa, reakcija i misli.

A kada ih postaneš svjesna, postaješ slobodna birati ih.

Ulazak u tišinu Svog bića Ti omogućuje da stvoriš prostor između misli i reakcija. U tom prostoru leži Tvoja moć. Umjesto da automatski reagiraš na vanjske okolnosti, učiš svjesno birati kako ćeš gledati na njih. Taj unutarnji mir i jasnoća, koje razvijaš kroz meditaciju, otvaraju Ti vrata za dublji uvid u život. Kada osjećaš mir iznutra, sve što dođe pred Tebe u vanjskom svijetu možeš sagledati iz šire perspektive – ne iz perspektive Uma, straha ili ograničenja, već iz perspektive mudrosti.

I ono najvažnije, meditacija Te povezuje s onim tko zaista jesi. Sa Sobom i sa Mnom – s Tvojim Višim Ja. U toj tišini, u tim trenucima kada utihne sve površno, Ja Ti mogu jasno govoriti. Iako sam uvijek ovdje, Tvoje misli i vanjska buka često nadjačaju taj glas.

Meditacija je poput otvaranja prozora kroz koji možeš osjetiti Moju prisutnost, čuti intuitivne smjernice i prisjetiti se tko si doista.

Umijeće promatranja koje počneš živjeti omogućuje Ti da upravljaš Svojim mislima, umjesto da one upravljaju Tobom. A to vodi ka jasnijem, mudrijem načinu razmišljanja o životu. Jednostavno se vratiš izvoru, shvatiš da nisi Tvoj Um i ne sudjeluješ više u nesvjesnom toku misli, spoznavši da postoji prostor iz kojeg izranja dublja mudrost. A ta mudrost postaje Tvoj najmoćniji alat za oblikovanje života kakav zaista želiš.

Možeš li mi pokazati kako to raditi? Hoćeš li mi pokazati kako meditirati?

Naravno. Ova će Te meditacija voditi ka razumijevanju kako postati svjesni promatrač Svojih misli i kako doći do stanja u kojem Ti nisi Tvoje Misli, već Svijest koja ih svjesno promatra.

Ispravi leđa i pusti da ti ruke mirno počivaju u krilu ili na koljenima. Zatvori oči i nježno usmjeri pažnju na Svoje tijelo. Osjeti kako Te ova podloga na kojoj sjediš podržava i kako je Tvoje tijelo sigurno i opušteno.

Svoju pažnju sada prebaci na Svoje disanje. Naprosto ga promatraj. Nemoj ga forsirati, samo ga promatraj. Osjeti kako zrak ulazi kroz nosnice, puni Tvoja pluća i tijelo i kako ga polako izdišeš. Primijeti osjećaj svježeg zraka koji ispunjava Tvoja pluća i toplinu koju osjetiš dok izdišeš. Opusti se. Nemaš nijedan razlog da ovog trena ne budeš potpuno opuštena.

Diši polako i duboko. Pri svakom udahu, zamisli da unosiš u Svoje tijelo mir, a u Svoj Um jasnoću. Pri svakom izdahu, zamisli da otpuštaš napetost, brige i sve što Te opterećuje. Udiši mir, izdiši sav teret. Diši svjesno, s lakoćom i dopusti da ti svaki udah donese sve dublju prisutnost. Osjeti Mene u Svom dahu. Jer Ja i jesam tu. Osjeti kako udišeš ljubav. I sa svakim sljedećim udahom, tu ljubav sve više osjećaš.

Kako dišeš, neka Tvoje misli slobodno dolaze i prolaze. Nema potrebe da ih mijenjaš ili kontroliraš. Promatraj ih kao oblake na nebu – dolaze i odlaze, a Ti ih samo gledaš. Sjeti se: Ti si nebo. Osjeti da si to. A kada ti misao dođe, osvijesti je. Ona je kao oblak koji putuje Tvojim nebom.

Nebo ne osuđuje oblak. Ne kritizira ga. Ne govori mu kako ne smije biti tu ili da se požuri. Naprosto zaključi da je to oblak.

Ani je radila sve kako je čula. Potpuno se opustila i disala mirno.

Samo postoj, Ani. Ne trebaš ništa drugo raditi. Prepusti se ovom trenutku i samo ga promatraj. Kada Ti misao dođe, samo reci Sebi: "Ovo je misao." I pusti je da prođe, kao da je povjetarac nosi dalje.

Možda ćeš primijetiti misli o prošlosti, planove za budućnost ili čak svakodnevne brige. To je u redu. Nigdje ne griješiš. Tako Tvoj Um izgleda svakodnevno. Sada ga samo postaješ svjesna. Ali, Ti nisi te misli. Ti si ona Svijest koja ih promatra. Da si misao, ne bi je bila svjesna. Ti si ona koja ih promatra. To je ono tko Ti istinski jesi. Pusti misli da prolaze, poput valova koji dolaze i odlaze na obali. A Ti ih naprosto promatraj.

Svoju pažnju lagano vraćaj na dah, kad god osjetiš da Te misli odvode. Kad shvatiš da si možda odlutala u misli, naprosto se vrati fokusom na dah. Bez osude. Nigdje ne griješiš. Upravo je taj povratak u sadašnji trenutak ono što je za Tebe sada najvrijednije naučiti.

Udah i izdah su Tvoja sidra u sadašnjem trenutku. Osjeti kako je Tvoj dah prirodni ritam života u Tebi i održava Te prisutnom i povezanom s trenutkom.

Dok promatraš Svoje misli, možda ćeš primijetiti razne emocije koje dolaze uz njih.

60

Dopusti im da postoje, ali im ne daj previše na značenju. Ti nisi te emocije, Ti nisi te misli. Ti si svjesnost koja ih doživljava.

Svaki put kada se misao pojavi, reci Sebi tiho: "Ja nisam ova misao. Ja sam ona koja je promatra." I vraćaj se u prostor mira i tišine koji postoji ispod i poviše svih misli.

Osjeti kako se s vremenom, kroz miran dah i promatranje misli, počinješ sve više vraćati u Svoje istinsko stanje – stanje čiste Svijesti. Ovo je prostor u kojem se Ja, Tvoje Više Ja, uvijek nalazim. Ovdje nema prosudbe, nema nemira. Postoji samo prisutnost. I mir. Mir, koji nema kraj.

U tom miru, tvoj Um može biti miran ili nemiran, ali Ti ostaješ Svijest. Osjeti tu tišinu. U toj tišini leži Tvoja snaga, Tvoja povezanost sa Mnom, Tvoje viđenje svijeta bez filtera misli i prosudbi. Boravi tu neko vrijeme. A to je vrijeme zapravo trenutak. Koji nikada ne prestaje.

Sada polako produbi Svoj dah. Udiši mirno, svjesno ispunjavajući Svoje tijelo svježim zrakom. Izdahni potpuno, osjećajući kako vraćaš fokus u fizičko tijelo, ali sada s dubljom svjesnošću.

Osjeti podlogu i tlo ispod Sebe, osjeti Svoje tijelo i prostor oko Sebe. Polako otvori oči, noseći sa Sobom mir i prisutnost koju si osvijestila u ovoj meditaciji.

Ani je polako otvorila oči i osmijeh joj se razvukao licem.

Ostala je nekoliko trenutaka u potpunoj tišini, kao da nije htjela riječima prekinuti potpuni mir koji je ispunio cijelu prostoriju.

"Predivno!", bilo je prvo što je izgovorila. "Hvala Ti na ovome. Nikada nisam doživjela ovoliki mir."

Ovaj je trenutak ono tko Ti istinski jesi. Zato ga sada na ovaj način i osjećaš. Ova Ti praksa omogućuje da se svakodnevno vraćaš u sadašnji trenutak, gdje se nalazi Tvoja najveća snaga. Istina se nalazi u Sada. Kada postaneš promatrač Svojih misli, više nisi njihov rob. Postaješ svjesna kreatorica Svog života, svjesno birajući kako ćeš percipirati stvarnost. To je ključ Tvoje slobode. Svakodnevnom se meditacijom prisjećaš da Ti nisi Tvoja misao. Ti si ona Svijest koja je promatra. I iz tog prostora promatranja, Ti se podsjećaš da si Svijest i na taj način svjesno kreiraš Svoj svijet. I to čini razliku između svjesnih i nesvjesnih ljudi.

A kako ću znati je li netko svjestan, a netko nesvjestan?

Nesvjesni ljudi su oni koji prolaze kroz život bez promišljanja o svom unutarnjem svijetu. Fokusirani su isključivo na vanjske ciljeve i događaje. Ne zastaju kako bi razmislili o tome tko su oni kao putnici na tom putovanju. Njihova je pažnja usmjerena na ono izvanjsko, ne shvaćajući da najveći uvidi dolaze iznutra. Nesvijest je stanje u kojem osoba ne postavlja pitanja o Sebi, Svojim mislima, osjećajima i unutarnjim dijalozima.

Nesvjesni ljudi su oni koji nikada ne osvijeste pravi izvor Svog unutarnjeg mira ili nemira, već cijeli život navode nešto izvanjsko kao uzrok toga.

Dat ću ti nekoliko osnovnih razlika između svjesnih i nesvjesnih ljudi:

Svjesni su ljudi prisutni u sadašnjem trenutku. Ne prepuštaju se mislima o prošlosti ili brizi za budućnost. Oni žive Ovdje i Sada, promatrajući i prepoznajući Svoje misli i osjećaje, bez automatske reakcije.

Oni prepoznaju Svoje misli i emocije, ali se ne poistovjećuju s njima. Znaju da njihove misli i emocije nisu njihova suština. Umjesto da budu vođeni impulsima ili reakcijama na vanjske događaje, oni su sposobni promatrati što se događa unutar njih bez prosudbe.

Djeluju svjesno i s namjerom. Njihove odluke i postupci proizlaze iz dublje Svijesti, a ne iz nesvjesnih obrazaca ili vanjskih pritisaka. Oni svjesno biraju kako će reagirati na situacije.

Otvoreni su za učenje i promjenu. Svjesni ljudi prepoznaju vlastite unutarnje blokade, strahove i uvjerenja te rade na njihovom preoblikovanju. Oni su spremni rasti i razvijati se.

Nesvjesni ljudi reagiraju automatski. Jer nisu svjesni Svojih misli i emocija te reagiraju na vanjske okolnosti automatski, bez razmišljanja. Oni su vođeni Svojim Egom koji je vezan za želje, strahove i prošla iskustva.

Poistovjećuju se s mislima i emocijama, misleći da su oni to što misle ili osjećaju u tom trenutku. Zbog toga su preplavljeni negativnim mislima ili emocionalnim reakcijama bez svjesne kontrole.

Žive u prošlosti ili budućnosti. Često su zarobljeni u mislima o prošlim događajima ili brigama za budućnost. Upravo to ih i sprječava da budu prisutni u sadašnjem trenutku.

Nesvjesni ljudi često nisu svjesni Svojih unutarnjih uvjerenja i navika. Ponašaju se prema duboko ukorijenjenim obrascima koji su oblikovani njihovim prošlim iskustvima i tako provedu cijeli život.

A kako se nositi s ljudima koji su nesvjesni?

Prije svega, važno je ne fokusirati se previše na druge ljude i njihovu razinu Svijesti. Umjesto toga, posveti se vlastitom rastu i razumijevanju. Lako je druge prozvati nesvjesnima, ali ključ je u tome da promatraš Svoje reakcije. One Ti otkrivaju Tvoju razinu Svijesti. Svaka osoba je u pravu unutar Svoje realnosti i *ne možeš nikoga prisiliti da vidi Tvoju perspektivu, ako im njihova uvjerenja ne dopuštaju.*

Upravo je Tvoja reakcija na druge ljude najbolji pokazatelj Tvoje razine Svijesti. Ako Ti nešto kod drugih izaziva negativne emocije, to znači da još uvijek nisi ni Ti potpuno svjesna da reagiraš iz Ega. Svjesna osoba prepoznaje da svaki čovjek ima pravo na Svoje uvjerenje i da ne postoji jedna univerzalna istina koja vrijedi za sve.

Je li to ono: Svatko je u pravu u svojoj realnosti?

Svaki čovjek gleda svijet kroz prizmu Svojih uvjerenja i iskustava. I razine Svijesti na kojoj se nalazi. Na primjer, netko tko vjeruje da je određena praksa ili uvjerenje pogrešno, potpuno je u pravu unutar Svoje realnosti. Svjesna osoba zna da to nije osobni napad, nego – jednostavno – različita percepcija stvarnosti.

A što kada netko napada ili vrijeđa nešto što meni služi?

Kritike i napadi govore više o onima koji ih upućuju, nego o Tebi. Kada netko kritizira drugog, svjesna osoba ne reagira iz Ega, već to vidi kao priliku za razumijevanje različitosti. Ako reagiraš ljutnjom ili željom da dokažeš da si u pravu, to je pokazatelj da još nisi dostigla potpunu svjesnost.

Svijest zna da svatko ima pravo na Svoje mišljenje. Reakcija na uvredu odličan je pokazatelj razine Svijesti. Ako si u stanju u nekoj raspravi za koju vidiš da ne vodi nikamo, drugoj osobi reći: „U pravu si", pa čak i ako se ne slažeš s njom, znak je da si postigla mir sa Sobom i Svojim uvjerenjima.

Znači, ne treba se raspravljati s ljudima? Primjerice, najžustrije rasprave se vode o Bogu.

Rasprave često vode u dublje nesporazume jer ljudi imaju različite definicije istih pojmova. Kada vidiš da o nečemu započinje rasprava, uvijek prvo provjeri imate li iste definicije toga o čemu raspravljate.

Ljudi će satima raspravljati o Bogu, a zapravo imaju posve različite definicije Boga. Zato je mudro, u primjeru ove teme, na početku uvijek pitati: "A što ili tko je Bog za Tebe?" Na taj ćeš način bolje razumjeti osobu s kojom razgovaraš. Jer kad čuješ njenu definiciju Boga, vrlo brzo možeš shvatiti da je ona apsolutno u pravu zbog Svog definiranja Boga. U Svojoj realnosti. I to ćeš shvatiti za sve teme. Temelj mišljenja o nečemu leži u tome kako tko nešto definira. A ljudi ni ne shvaćaju da ne definiraju svi sve isto. I onda raspravljaju satima, a – zapravo – uopće ne gledaju isto na to o čemu raspravljaju.

Svijest se ne raspravlja. Ona prihvaća i poštuje različitosti – bilo da su one vezane za religiju, boju kože, seksualnu orijentaciju ili uvjerenja. *Svijest nije vezana za dokazivanje tko je u pravu, već za mirno prihvaćanje činjenice da svatko ima pravo na Svoje mišljenje i put.*

Svijest zna da tuđa uvjerenja ne umanjuju ni ne definiraju uvjerenja drugih. Niti mogu utjecati na tuđi život i realnost koju će drugi živjeti. Svjesna osoba zna da Duša nema potrebu biti u pravu jer ona već zna istinu. Ego je taj koji traži potvrdu i uvjeravanje drugih. On želi biti u pravu jer time dobiva potvrdu vlastite vrijednosti zbog vezanosti za ulogu. Duši je sasvim svejedno tko je u pravu. Ona zna da su svi u pravu u Svojoj realnosti jer svi žive projekciju svojih uvjerenja.

A koliku ulogu ima podsvijest kod nesvjesnih ljudi?

Podsvijest je dio Uma koji djeluje ispod razine Svijesti i utječe na misli, a time i na emocije, ponašanje i odluke, a da ljudi toga uopće nisu svjesni. To je kao ogroman spremnik u kojem su pohranjene sve prošle uspomene, iskustva i, najvažnije, uvjerenja. Ako osoba ne osvijesti koja je uvjerenja stekla još od djetinjstva, a da joj ne služe, ta će uvjerenja nositi sa Sobom cijeli život i ona će utjecati na nju, a da cijeli život nije svjesna njihove prisutnosti i zašto se ponaša kako se ponaša.

Upravo neosviještena podsvijest oblikuje način na koji ljudi vide svijet. Ona filtrira informacije iz okoline prema duboko ukorijenjenim uvjerenjima i iskustvima. To i jeste ključni razlog zašto različiti ljudi različito doživljavaju iste događaje.

Podsvijest ima veliku moć nad ljudima, a s druge je strane potpuno nemoćna pred Sviješću.

Znači, ako osvijestim podsvijest, ona će se promijeniti. A kako to mogu napraviti?

Apsolutno. Osvještavanje podsvijesti znači prepoznati obrasce razmišljanja i ponašanja koji dolaze iz duboko usađenih uvjerenja i programa, često iz djetinjstva ili okoline. Primjerice, kada netko svjesno kaže „Ista sam moja majka ili isti sam svoj otac" i osjeća negativnost zbog toga, u tom je trenutku osoba osvijestila podsvijest. Osvijestila je usađene obrasce ponašanja koji su proizašli iz načina na koji je i sama bila odgajana. Upravo je ta spoznaja prvi korak ka preuzimanju kontrole nad podsvijesti. Kada je osvijestila određeni program, dobiva se prilika da se odluči treba li nastaviti prema istim obrascima ili ih promijeniti.

U tim je situacijama Svijest osvijestila podsvijest. Onog trenutka kada se podsvijest osvijesti, to više nije u podsvijesti.

I tada se donose odabiri koji pomažu u promjeni onoga što ljudima ne služi da žive sretne i ispunjene živote. Edukacija je ključna. Jer informacije mijenjaju duboko usađene programe. Kada shvatiš da postoje i drugi načini gledanja na život i drugačiji odabiri koji se mogu donositi, na odličnom si putu ka promjeni. Upravo informacija ima moć osvještavanja.

Razne tehnike poput afirmacije, hipnoze i meditacije djeluju na promjenu podsvjesnih obrazaca. Ako se određene misli ili ideje ponove dovoljno puta, podsvijest ih može prihvatiti kao istinu i, na temelju toga, oblikovati drugačije ponašanje. Ključ za rad s podsviješću je postati svjestan njenih sadržaja, prepoznati koji obrasci ne služe rastu i svjesno ih mijenjati.

Tehnike prisutnosti su, također, važne. U trenucima potpune prisutnosti, osvjeste se vlastite misli i unutarnji dijalozi. To znači zastati i promatrati kako razgovarate sami sa Sobom. Često Sebi govorite; "Nećeš uspjeti", "Nisi dovoljno dobar" ili "Nisi vrijedan". Te misli dolaze iz podsvjesnih programa i uvjerenja. Kada ih osvijestite, možete ih u početku svjesno mijenjati u poruke poput: "Vrijedan si", "Možeš ti to" i "Radiš najbolje što znaš". Ovaj proces osvještavanja donosi posve drugačiju emociju od one koju ste imali prije i omogućuje vam da uskladite Svoje misli sa stvarnom vrijednošću koju imate.

Sad razumijem. Dakle, Ego i podsvijest zapravo cijelo vrijeme utječu na naše reakcije i odluke, a da toga nismo svjesni.

Točno. Ego se često javlja kada se osjetite ugroženi zbog vezanosti za određene uloge ili identitete. Dok nije osviješten, Ego upravlja reakcijama, čineći ljude uplašenima, agresivnima, tvrdoglavima ili sklonim sukobima. Međutim, kada osoba osvijesti Ego i u stanju je prepoznati Ego i podsvjesne obrasce, preuzima potpunu kontrolu nad njima. Umjesto da reagira automatski, dobiva sposobnost svjesnog izbora kako odgovoriti na određene situacije. Osviještenje Ega i podsvijesti uvijek vodi ka dubljoj samosvijesti, unutarnjem miru i mudrim odlukama.

Znači, trebam se posve riješiti Ega?

Ne. Jer to nikada nećeš uspjeti. Ego je ključan za fizičko iskustvo. Upravo zbog Ega, ovo iskustvo koje sada doživljavaš je moguće. Da vidiš Mene i Sebe istovremeno. Zbog Ega misliš da smo Ti i Ja odvojene. Ali, ovdje je ključna riječ *Misliš*. Ego je ključan za ljudsko iskustvo. Ego je dio Mene. Ego Meni omogućuje ovo iskustvo.

Kao što rekoh, Ti si Ja. I Tebe ne bi bilo bez Ega. A time ni ovakvog Mog iskustva. Da nema Ega, Ti bi u svakom trenutku znala da si Ja. Da si nešto mnogo više od fizičkog tijela. Tada iluzija ne bi bila moguća. A ona je dio ove igre i ovog iskustva. Nije poanta da iluzija nestane. *Poanta je vidjeti kroz iluziju, dok iluzija traje.*

Ego služi da Ti i Ja imamo individualnu perspektivu unutar prostora i vremena. On je filter kroz koji u ovom slučaju Ti percipiraš stvarnost koju Ego interpretira kroz uvjerenja i, stoga, oblikuje način na koji doživljavaš svijet i ovu fizičku realnost. Ego onoga koji ga osvijesti ne ograničava ni u jednom trenutku, upravo suprotno. Neosviještenost i nerazumijevanje Ega je to što ograničava ljude.

Ego je dio Mene. Jer Ti si dio Mene. On je produžetak Mene kroz koji Ja djelujem u fizičkoj stvarnosti. On je alat pomoću kojeg Ja mogu manifestirati željena iskustva u fizičkom svijetu.

Jedino kada Ego postaje problem je kada se ljudi identificiraju isključivo s njim, zaboravljajući Svoju dublju povezanost s Višim aspektom Sebe. Ključ je u postizanju ravnoteže, gdje Ego služi kao alat za izražavanje kreativnosti i manifestaciju iskustava, a ne kao izvor ograničenja. To je prosvjetljenje o kojem ljudi pričaju. Spoznati tko si i tko nisi. Poanta je uživati u ovom iskustvu, i to kroz zdrav odnos sa Sobom i Svojim fizičkim iskustvom.

A, što točno znači imati zdrav odnos sa samim sobom?

Imati zdrav odnos sa samim Sobom znači voljeti i poštivati Sebe, prihvaćati Svoje slabosti i snage te biti svjestan Svojih unutarnjih dijaloga. Ako prema Sebi govoriš s negativnošću, stalno se kritiziraš i ne pružaš Sebi podršku, onda si u toksičnom odnosu sa samim Sobom. Zdrav odnos sa Sobom znači svakodnevno birati ljubav prema Sebi, ohrabriti se, biti blag prema Sebi i kad misliš da griješiš, te raditi na vlastitom razvoju. Kada imaš zdrav odnos sa Sobom, svi vanjski odnosi postaju odraz te unutarnje ljubavi i mira. I upravo je osvještavanje Sebe, Svojih misli, emocija i podsvijesnih programa ključ za takav odnos i transformaciju života. Ne trebaš se bojati onoga što dolazi iz podsvijesti, već je trebaš osvijestiti, zavoljeti jer i ona ima svoju svrhu. I vježbati prisutnost. Ona će osvijestiti tvoj unutarnji dijalog koji je ogledalo Tvog odnosa sa samom Sobom. Kada ga osvijestiš i počneš govoriti Sebi s ljubavlju, otvaraš vrata ka dubljoj Svijesti i sretnijem, ispunjenijem životu.

Utorak

Htjela bih naš razgovor danas započeti s pitanjem koje me odavno muči. Kako biti savršen?

Već si savršena, Ani.

Ani zastane iznenađeno jer je ovaj odgovor potpuno iznenadio.

"Ja savršena?", nasmije se Ani, pomalo cinično. "Miljama sam ja daleko od toga."

Nisi. Samo to misliš. I ne razumiješ ljepotu savršenstva.

Pa dobro, slušam...

Postoji li savršenstvo? Da, ali ne na način na koji to većina ljudi zamišlja. Ljudi često teže savršenstvu u svakodnevnim stvarima – savršenom poslu, savršenom partneru, savršenom izgledu. Ali, ako bi nešto bilo savršeno u tom smislu, to bi značilo da je proces gotov. A život je proces, stalna ekspanzija. Savršenstvo u tom smislu ne postoji jer bi to značilo da je sve završeno, da više nema rasta.

Znači, savršenstvo koje ljudi traže zapravo ne postoji?

Ne na taj način. Savršenstvo nije stati na kraj nekom putu i reći: "Sada je sve savršeno i gotovo." Život je savršenstvo, ali na dubljoj, duhovnoj razini. Proces života savršen je u Svojoj ekspanziji. Bog, Svemir, Duša – to su oblici savršenstva. Kada shvatiš da si u svakom trenutku ono što trebaš biti, da sve što se događa dolazi u savršenoj sinkronicitetu, tada dolaziš do pravog razumijevanja savršenstva.

A kako to funkcionira u svakodnevnom životu? Kako da prihvatim to savršenstvo?

Shvati da je sve što ti se događa, čak i ono što možda doživljavaš kao negativno, dio savršenog procesa. Čak i kad reagiraš na način koji misliš da nije ispravan – i to je dio savršenog reda. Ekspanzija Duše je stalna, uvijek se nešto događa. Život se neprestano razvija, čak i kada ti se čini da je sve stalo. Kada to razumiješ, postaješ svjesna da već živiš savršenstvo – ne ono savršenstvo koje tražiš u svakodnevnim zadacima, već savršenstvo samog postojanja.

Znači, savršenstvo nije u postizanju nečega, nego u razumijevanju života kao procesa?

Točno. Savršenstvo se ne postiže kroz stalnu težnju da budeš "savršena" prema vanjskim standardima. Ne moraš svakog trenutka biti savršena žena, majka, kćerka, sestra, izgledati savršeno, uvijek misliti pozitivno. To nije cilj. *Savršenstvo dolazi iz spoznaje da je proces života, s njegovim usponima i padovima, već savršen.* Život je savršeno postavljen, tako da te vodi kroz rast i razvoj. Bog je ekspanzija, Svemir je ekspanzija, a Ti si dio tog vječnog širenja Svijesti.

Kada razumiješ zašto si ovdje, kada shvatiš da smrt ne postoji i da si duhovno biće u fizičkom obliku, točnije, duhovno biće u duhovnom iskustvu, tada ćeš vidjeti da je sve savršeno onako kako jest. Prihvati da si u svakom trenutku ono tko trebaš biti, da su svi događaji koji Ti se dogode tu s razlogom, u savršenom sinkronicitetu.

To je savršenstvo kojem trebaš težiti – ne da budeš savršena u očima drugih, nego da razumiješ da već živiš savršenstvo života.

Hvala ti na ovom objašnjenju. Imam osjećaj da me moja Duša zagrlila i da me nježno ljulja, kao kad me mama ljuljala dok sam bila beba. Tolika mi je toplina sada u tijelu od utjehe ovih riječi.

Točno to se i događa. Opet si se potpuno spojila u ovom razumijevanju sa Mnom i Svojom Dušom. I to što osjećaš, emocija je istine. Upravo tog savršenstva.

Hoćeš reći da sam već savršena, samo to ne znam. Zapravo samo trebam promijeniti perspektivu?

Da, promjena perspektive je ključ. Kada shvatiš da život nije o postizanju "idealnog", nego o razumijevanju da je sve već savršeno, otkrit ćeš mir i prihvaćanje. Savršenstvo nije krajnji cilj – ono je već ovdje, u svakom trenutku Tvog života. Samo ga trebaš znati vidjeti.

A kako da shvatim da je život već savršen, kada se događaju loši događaji? Kako oni mogu biti savršeni?

Prvo što moraš razumjeti je da događaji sami po sebi nemaju predznak, ni dobar ni loš. Ljudi su ti koji im daju značenje. Događaji su neutralni, a vaša je percepcija ono što im daje predznak. Razmisli o tome: Dvije osobe mogu svjedočiti istom događaju, a reagirati potpuno drugačije. To znači da nije do samog događaja, već do vas i kako ga vidite.

Svaki je događaj prilika da se uskladiš s vibracijom koju preferiraš i da naučiš nešto što će te podići na višu vibraciju. Loši događaji nisu kazna niti slučajnost, već imaju dublji smisao. Svaki izazov, koliko god neugodan bio, nosi lekciju sa sobom. Ti Te događaji vode prema dubljem razumijevanju Sebe i svijeta. Uvijek se možeš zapitati: "Što ovaj događaj želi da naučim?" Svaka poteškoća može biti prilika za Tvoj rast i razvoj, iako to možda ne izgleda tako u trenutku.

Dakle, mi odlučujemo je li događaj pozitivan ili negativan?

Točno! Način na koji percipiraš događaj određuje njegov ishod. Kad se nešto dogodi, Tvoje misli i vibracija određuju hoće li ishod biti pozitivan ili negativan. Ako gledamo kroz prizmu kontrasta, svaki događaj – čak i onaj koji percipiraš kao loš – služi Tvojoj ekspanziji, rastu. Ako možeš preusmjeriti fokus na ono što Ti taj događaj donosi, već si počela mijenjati Svoju realnost.

Ali, što ako se dogodi nešto poput gubitka posla ili prekida veze?

Kad Ti se dogodi nešto što na prvi pogled izgleda kao loš događaj, poput gubitka posla ili prekida veze, važno je zastati i osvijestiti da taj događaj sam po sebi nije ni dobar ni loš. Umjesto da ga gledaš kao "kraj", možeš ga promatrati kao dio većeg plana, korak ka nečem boljem. U tim trenucima reci Sebi: "Ne vidim širu sliku sada, ali vjerujem da je ovo prikriveni blagoslov." To mijenja vibraciju i otvara vrata boljim ishodima.

Znači, svaki događaj ima potencijal da postane nešto pozitivno?

Apsolutno. Ako promijeniš Svoju percepciju i prestaneš se držati za misao da je nešto loše, stvaraš prostor za pozitivan ishod. Svaki događaj ima više mogućih scenarija – jedan koji završava loše, drugi koji završava dobro. O Tvojoj vibraciji ovisi kojoj ćeš realnosti svjedočiti. Tvoja je vibracija poput magneta koja privlači scenarije u Tvoj život.

A što je s otporom i strahom? Kako se nositi s tim osjećajima, kada se dogodi nešto neugodno?

Strah i otpor su samo blokade koje Te zadržavaju u negativnom fokusu. Ako im se prepustiš, ostaješ zaglavljen u negativnom momentumu. Umjesto da se boriš protiv događaja, možeš ih prihvatiti i reći: "U redu je. Ovo je samo trenutak. Ne vidim širu sliku, ali vjerujem da će ishod biti pozitivan." Upravo promjenom percepcije i vibracije, zaustavljaš negativni momentum i pokrećeš pozitivan.

Dakle, ključ je u percepciji i vjeri da će ishod biti dobar?

Točno. Tvoja je percepcija ono što kreira realnost. Ako odabereš vjerovati da će događaj donijeti nešto dobro, Ti time mijenjaš Svoju vibraciju i otvaraš vrata pozitivnim ishodima. Vjeruj da Svemir radi u Tvoju korist, čak i kada ne vidiš rezultate odmah. Ključna rečenica koju trebaš zapamtiti je: "Svaki je događaj neutralan, a predznak mu dajem Ja."

Ono što nazivaš lošim događajem nije ni kazna ni slučajnost, već ima dublji smisao. Svaki izazov, koliko god neugodan bio, nosi lekciju sa sobom. Ti te događaji vode prema dubljem razumijevanju Sebe i svijeta. Uvijek se možeš zapitati: "Što ovaj događaj želi da naučim?" Svaka poteškoća može biti prilika za Tvoj rast i razvoj, iako to možda u trenutku ne izgleda tako.

Onda će me to voditi do prihvaćanja, ako dobro razumijem?

Da. Prihvaćanje znači shvaćanje da ne možeš uvijek kontrolirati događaje, ali možeš kontrolirati Svoju reakciju na njih. Otpor prema stvarnosti ono je što daje dodatnu patnju. Prihvati situaciju kakva jest, bez prosudbe, i iz tog mjesta mirno djeluj. Kada prihvatiš da svaki trenutak ima svoju svrhu, moći ćeš lakše pronaći unutarnji mir, čak i usred izazova.

Sve je prolazno. Loši događaji dolaze i odlaze, kao što i sve u životu prolazi. Bol je privremena, baš kao i radost. Svaki je trenutak prolazan, ali iz njega uvijek možeš izvući mudrost. Sjeti se da će i taj izazov proći u tom ključnom trenutku, a Ti ćeš biti snažnija i mudrija nakon njega. Loši se događaji mogu promijeniti, kad god odlučiš promijeniti Svoje uvjerenje ili percepciju. Oni su katalizatori za unutarnju transformaciju. Kroz izazove se suočavaš sa Svojim strahovima, ograničenjima i negativnim uvjerenjima. Kada se suočiš s njima i jasno ih vidiš bez uplitanja straha, imaš priliku osloboditi se tog tereta i postati još bolja verzija Sebe. To je trenutak kada bol postaje učitelj, a Ti postaješ mudrija i svjesnija Svoje unutarnje snage. I gle savršenstva u tom procesu!

Ostaneš li u toj mudrosti, s vremenom ćeš vidjeti kako su svi ti događaji bili dio veće slike koja Te vodila ka Tvom najvišem dobru. To je vjera u život. Vjera u proces.

Ključ je u prisutnosti. Budi Ovdje i Sada. Usredotoči se na trenutak u kojem se nalaziš, bez da se gubiš u mislima o prošlosti ili strahu za budućnost. Mir se nalazi u ovom trenutku. Loši događaji često su prilika da se podsjetiš na moć sadašnjeg trenutka – samo Ovdje i Sada možeš pronaći unutarnji mir, bez obzira na vanjske okolnosti.

Nijedan događaj nije slučajan niti besmislen. Svaki događaj vodi ka dubljem razumijevanju Sebe, duhovnom rastu i transformaciji. Mir nije nešto što moraš "naći", već nešto što već postoji unutar Tebe. Svi su događaji neutralni. Tvoje uvjerenje o tome da su loši stvara nelagodu. Pronađi mir tako što ćeš se uskladiti s onim što preferiraš, usredotoči se na to kako bi voljela da se osjećaš, a ne na ono što ne želiš. Preusmjeri pažnju na vibraciju radosti i jasnoće, i dopusti da se Tvoja vanjska realnost uskladi s tom unutarnjom promjenom.

Tako se kreira realnost.

A smrt? Smrt ne može nikako biti pozitivan događaj?

Smrt, kako ljudi gledaju na nju, nije isto kako je i Duša vidi. Život na Zemlji nije glavni događaj. Život je prolazno iskustvo Duše koja zna da je točno to. Ono tko Ti zaista jesi nikada ne umire. *Jer Sviješću nikada nisi ni napustila dimenziju u kojoj se cijelo vrijeme i nalazi Tvoja Svijest.* Ono što nazivaš smrću jednostavno je promjena oblika.

Smrt je povratak onome što već jesi i uvijek si bila – čista prisutnost, Svijest. U smrti Ego nestaje, ali Ti ostaješ, jer Ti nisi Tvoj Ego. Smrt je jednostavno proces transformacije iz jedne vibracije u drugu. Fizičko je tijelo samo oblik energije, fokus Tvoje Duše. Kada Duša završi Svoje iskustvo, jednostavno povlači fokus iz fizičke realnosti. Smrt nije nikakav kraj, već samo prijelaz Svijesti iz fizičke realnosti u nefizičku, vibracijsku. Smrt, zapravo, uopće ne postoji jer je nemoguće da Svijest prestane postojati. Točnije, definicija smrti bila bi povratak kući, povratak Tvojoj pravoj suštini. Duša nastavlja živjeti, kao što to radi – oduvijek i zauvijek.

Znači, ne trebam se plašiti smrti?

Ni najmanje, Ani. Strah od smrti dolazi iz poistovjećivanja s Egom i fizičkim tijelom. Ego se boji Svog kraja jer misli da je on sve što postoji. Ali, kada prepoznaš da nisi Svoj Ego, već Svijest koja je izvan oblika, strah nestaje. U prisutnosti sadašnjeg trenutka, smrt je samo još jedan prolazni oblik, a ne nešto što treba izazivati strah. Strah od smrti dolazi iz nerazumijevanja prirode stvarnosti. Sve što doživljavaš, uključujući smrt, dio je kontinuiranog ciklusa kreiranja. Kada umireš, jednostavno se prebacuješ u drugi oblik postojanja, a Svijest se nastavlja. Ne postoji ništa strašno u tom prijelazu – to je prirodni dio Tvog beskonačnog postojanja. U trenutku smrti vraćaš se svom Izvoru, tamo se nalaze samo ljubav i mir. Smrt je, zapravo, prelijepi povratak kući.

A što se točno događa nakon smrti?

Tvoja Svijest nakon smrti više nije ograničena fizičkim tijelom ili identitetom Ega. Ono što ostaje je čista prisutnost, bezvremenska i bez oblika. U tom stanju, više nema "Tebe" kakvom se sada poznaješ, ali Svijest nastavlja postojati. Smrt je povratak u stanje čiste Svijesti, koje je uvijek Ovdje i Sada, samo bez privremenih oblika i identifikacija. Tvoj život, Tvoje iskustvo nastavljaju se u drugačijem obliku. Možeš nastaviti kreirati iskustva u nefizičkim dimenzijama, istraživati druge realnosti i učiti. Smrt nije kraj, već samo tranzicija u novu vrstu postojanja. Tada imaš priliku reflektirati Svoje životno iskustvo i odlučiti gdje i kako dalje želiš rasti i ekspandirati kao Duša.

Postoji li kazna nakon smrti? Za neke loše postupke koje smo napravili?

Osuda je ljudski koncept, vezan uz vibraciju straha i nesporazuma o prirodi stvarnosti. Nakon smrti, prolaziš kroz proces samorefleksije. Sama Tvoja Svijest evaluira iskustva koja si imala, kako bi iz njih naučila i evoluirala. Ne postoji vanjska sila koja Te osuđuje. Bog nije osoba koja sudi. To je pogrešno shvaćanje koje dolazi iz ljudskih interpretacija Boga. Bog je čista ljubav i nema nikakve potrebe da sudi. Osuda nije u prirodi Boga jer Bog te bezuvjetno voli, baš onakvu kakva jesi. Nakon smrti, Duša ulazi u prostor razumijevanja i širenja Svijesti. Osuda je nešto što dolazi iz Ega, ali u Božjoj stvarnosti, postoji samo ljubav.

Nakon smrti, ne postoji kazna, već pregled Tvog života gdje ćeš imati priliku vidjeti što si naučila iz Svojih iskustava. Kada umreš, nećeš biti kažnjena, nego će Ti biti dano razumijevanje iz perspektive Duše. Bit će ti jasno zašto si postupala na određeni način i imat ćeš priliku odlučiti kako ćeš dalje rasti. Jednostavno ćeš se podsjetiti da si cijelo vrijeme bila ljubav. I ako nisi reagirala iz ljubavi, to je bilo jer si zaboravila tko si. U dimenziji izvan fizičke, postoji samo razumijevanje. Osuda nikako.

Predivno! Baš utješno. Jednom sam čula rečenicu: "Osvijestiti smrt znači osvijestiti život". Možeš li mi je pojasniti?

Naravno. Ta je rečenica duboka istina. Ona ukazuje na to da razumijevanjem i prihvaćanjem vlastite smrtnosti u dimenziji u kojoj se nalaziš, počinješ dublje cijeniti i živjeti život. Kada postaneš svjesna prolaznosti, postaješ svjesnija svakog trenutka u kojem imaš mogućnost živjeti iskustvo života. Kada osvijestiš smrt, shvaćaš da je fizička realnost samo jedan dio Tvog beskonačnog bića. Osvještavanje smrti omogućuje ti da cijeniš svaki trenutak života u potpunosti, znajući da je svaki trenutak neponovljiv. Shvatiš da smrt nije kraj, već prijelaz, što ti omogućuje da živiš s manje straha i više slobode. Osvijestiti smrt znači prepoznati da smrt nije suprotnost životu, već njegov prirodni nastavak. Kada prihvatiš smrt, razumiješ da je svaki trenutak života dragocjen, da je sve prolazno, i to te potiče da više voliš, više daješ i budeš prisutnija u svemu što činiš. Kada na smrt gledaš na ovaj način, strah od smrti više te ne sputava, već te motivira da svaki trenutak života iskoristiš u potpunosti.

Način na koji si mi sada ovo osvijestila potpuno mi je promijenio emociju o smrti. Je li moguće da je cijela poanta u našem pogledu na smrt?

Apsolutno. Zato je ljudi i doživljavaju drugačije. Jer imaju drugačiji pogled na to što je smrt. O smrti možeš govoriti na način koji donosi mir i prihvaćanje, a možeš na način da ti izaziva strah. Pričajući o smrti s visoke vibracije, možeš zapravo vibrirati životom, zdravljem i ljubavlju. Smrt je samo prijelaz u drugačiju dimenziju postojanja. Smrt nije gubitak, već transformacija, prilika za daljnji razvoj Svijesti. Kada smrt shvatiš kao dio kontinuuma života, oslobađaš se straha i možeš vidjeti ljepotu života u svakom trenutku. Smrt je povratak kući nakon putovanja. A kako povratak kući može biti nešto čega se trebaš bojati?

Stvarno. Na ovaj način, fokusom na smrt, meni fokus ide na ljubav i život.

Vidiš li sada snagu percepcije i fokusa? Kada osvijestiš da Tvoji voljeni i Ti nećete ostati u ovom fizičkom iskustvu vječno, postaješ svjesnija važnosti ljubavi, zagrljaja i trenutaka provedenih s njima. Shvaćaš koliko je važno izražavati ljubav svakodnevno, ne čekajući poseban trenutak. Shvaćaš da je svaki trenutak poseban. Svakodnevno zahvaljivanje i izražavanje ljubavi postaje Tvoj način života i postaješ usmjerena na sadašnjost i ljubav koja je prisutna u svakom trenutku. Oslobađaš se iluzije vremena i prestaješ odgađati ljubav jer shvaćaš da je ljubav prisutna Ovdje i Sada, a ne u budućnosti.

A što je s tugom koju osjetimo nakon smrti nekog našeg voljenog? Nestaje li ona potpuno s ovom spoznajom ili je i dalje u redu osjećati?

Tuga je izraz ljubavi. Važno je samo razumjeti da daje emociju koju daje jer fokus odlazi na nedostatak. To je ono što izazove bol kod ljudi. Temelj joj je ljubav, ali je uvjerenje da te osobe više nema u vašoj realnosti i to je ono što boli. Tuga je prirodan proces kojim tijelo i Um integriraju iskustvo gubitka. Kada osjetiš tugu, prihvati je, dopusti joj da se izrazi sa razumijevanjem zašto se javlja. Ne opiri joj se, naprosto je razumi. Jako je važno dopustiti toj emociji da odradi svoj energetski put jer time se proces tugovanja smanjuje. Neizražena tuga prelazi u patnju. Dopusti i drugima da tuguju. Na načine na koje najbolje znaju. Svaka osoba ima Svoj način suočavanja s tugom jer uvjerenja jako utječu na to kako ljudi doživljavaju gubitak voljenih. Nikada ne pokušavaj kontrolirati kako će tko tugovati. Nema univerzalnog načina tugovanja niti se tuđa tuga treba osuđivati. Tuga je izraz ljubavi i proces otklanjanja otpora. Samo budi razumijevanje u tim trenucima. I ljubav. Jer ljubav iscjeljuje.

Mi, zapravo, jako puno osuđujemo sebe, zar ne? Uvijek mislimo da nešto radimo pogrešno i da smo trebali drugačije? A onda to mislimo i za druge ljude.

Točno. I onda to isto mislite i za Boga.

A zašto ljudi to rade? Zašto smo toliko vezani za krivnju?

Ljudi se drže krivnje jer se njihov Ego veže za identitet žrtve. Ego traži nešto s čime će se poistovjetiti, a često koristi osjećaj krivnje kako bi stvorio osjećaj da je osoba loša ili da nije vrijedna. Ego je vezan za prošlost i identifikaciju s pričom o tome tko misliš da jesi. Ego živi kroz prošle greške i neuspjehe jer ga to jača. Držanje za krivnju pruža Egu osjećaj identiteta – "Ja sam osoba koja je pogriješila" – i stvara patnju kroz poistovjećivanje s prošlim događajima. Ego je opsjednut analizom prošlosti i koristi krivnju kako bi održao Svoju iluziju o kontroli. Kada postaneš svjesna da nisi tvoj Ego, krivnja gubi svoju snagu. Ona je samo misaoni obrazac kojeg možeš promatrati i otpustiti. Krivnja je vibracija koja proizlazi iz uvjerenja da si mogla ili trebala učiniti nešto drugačije. Ego voli kontrolirati kroz ideje «što bi bilo kad bi bilo» jer se Ego drži prošlosti kako bi održao osjećaj odvojenosti i straha. Držanje za krivnju, zapravo, blokira tvoju sposobnost da promijeniš svoju vibraciju i uskladiš se s frekvencijom koju preferiraš. Kada otpustiš ta uvjerenja, oslobodiš se i prebacuješ se na vibraciju opraštanja, prihvaćanja i rasta.

Da! I ja se često pitam "Što bi bilo kad bi bilo?" Kako prekinuti to? To samo iscrpljuje, a ništa ne mijenja, zar ne?

"Što bi bilo kad bi bilo" stvara Ego kroz beskonačnu analizu prošlosti. To je iluzija koja te odvlači iz sadašnjeg trenutka. Vrati se u sadašnji trenutak, u Svoju prisutnost. Primijeti da prošlost više ne postoji, osim kao misaoni obrazac. Kada uđeš u sadašnji trenutak, taj krug se prekida.

Kada shvatiš da svaki trenutak nudi novu priliku da promijeniš Svoju stvarnost, prepoznaješ da je prošlost jednostavno iskustvo koje si imala, a ne nešto što moraš ponavljati. Kako bi prekinula taj ciklus, fokusiraj se na to tko želiš biti Sada, umjesto da se pitaš što je moglo biti drugačije.

Što napraviti, ako smo povrijedili nekoga i želimo ispraviti grešku?

Čim želiš ispraviti nešto, pokazatelj je da više nisi ona ista osoba koja je to nešto i napravila. *Čim na tu situaciju gledaš drugačije nego tada, to je znak Tvoje promjene.* Na tu Sebe stavi fokus. Ne na onu koja si bila. Živi Svoju istinu. Nemoj da te opet zaustavi misao koja može raditi scenarije kako će druga osoba reagirati. Ne znaš koja uvjerenja ta druga osoba nosi sa Sobom. Neka svaki Tvoj daljnji postupak bude iz ljubavi, a to što će se događati nakon prepusti životu, za koji sada znaš da je savršeno složen. Činjenica da Tvoja spoznaja i želja dolazi iz Svijesti, a ne više iz Ega treba biti dovoljna za Tebe.

Molim te, pojasni mi kako oprostiti sebi?

Kao što rekoh, želja za ispravkom ili oprostom pokazuje da više nisi ista osoba koja je pogrešku napravila. Već sam čin postavljanja pitanja "Kako oprostiti Sebi?" pokazuje rast i napredak. Ego će te pokušati držati vezanu za prošlost, ali Duša razumije tko si Sada. Svijest je mnogo moćnija od nesvijesti. Uđi u Svijest. Preusmjeri fokus na ono tko si Sada i tko želiš biti. U sadašnjem trenutku nema potrebe za oprostom Sebi.

Zamjeranje je pokazatelj da si ostala u prošlosti.

Imam sada jedno pitanje. Ako ja sve ovo razumijem i prihvatim, kako će se to odraziti na moje odnose s ljudima? S ovim načinom koji mi ti objašnjavaš, ja sve više osjećam mir i kao da mi se Svijest posve mijenja. Moj pogled na život postaje skroz drugačiji. Ali, kako ja mogu živjeti na ovaj način, ako ljudi oko mene pate?

Ključno je razumjeti da ne možeš pomoći drugima, ako se fokusiraš na njihov nedostatak ili patnju. Kada usmjeriš pažnju na to što im nedostaje ili na njihovu patnju, Ti se spuštaš na istu vibraciju kao i oni, a to ne pomaže, ni njima ni Tebi. Umjesto toga, Svoju pažnju usmjeri na njihovu ekspanziju – na želju da im bude bolje, na mogućnosti i rješenja. Održavanje vlastite visoke vibracije nije sebično. Upravo to je način na koji im zaista možeš pomoći. Prvo što moraš shvatiti je da ne možeš pomoći drugima, ako ne pronađeš unutarnji mir u Sebi. Ako se poistovjećuješ s patnjom oko Sebe, Tvoja Svijest postaje zarobljena u istim obrascima nesvjesnosti i bola koji stvaraju patnju. Ostani potpuno prisutna u sadašnjem trenutku. Budi svjesnost i mir u takvim trenucima jer samo iz tog prostora možeš stvarno pomoći drugima. Svaka osoba na ovom svijetu kreira Svoju realnost kroz Svoju vibraciju. Ljudi koji pate prolaze kroz Svoje vlastite lekcije i izazove. Najviše im pomažeš kada zadržiš Svoju visoku vibraciju – kada si usklađena s ljubavlju, radošću i mirom jer tada postaješ primjer onoga što je moguće. *Samo primjerom možeš inspirirati druge.*

Oni koji su u mraku, traže svjetlo. Ti im budi to svjetlo.

A kako da se nosim s osjećajem tuge i suosjećanja prema njima, a da ne spuštam svoju vibraciju?

I tuga i suosjećanje mogu koegzistirati s visokom Sviješću i prisutnošću. Suosjećanje ne znači preuzimanje tuđe patnje na Sebe, već biti svjesno prisutan s otvorenim srcem, dok istovremeno zadržavaš vlastiti unutarnji mir. Razumi tuđu tugu. Gledaj na nju kao na energiju koja dolazi i prolazi, baš kao i misli, ali ne dopuštaj da Te ona odvoji od Tvoje srži – Tvoje Svijesti. Osvijesti da si Ti odgovorna za Svoju vibraciju i da je možeš zadržati visokom, čak i kad se suočavaš s tuđom patnjom.

Upravo je tuga prilika za dublje suosjećanje, ali Tvoja visoka vibracija najmoćniji je alat kojim možeš pomoći drugima. Ako spustiš Svoju vibraciju, nećeš im moći pomoći na najbolji mogući način. Kada ostaneš usklađena sa Svojim izvorom radosti i ljubavi, Tvoja vibracija može postati najjači alat za promjenu u životima onih koji pate.

Suosjećanje nije patnja – ono je sposobnost da s ljubavlju i razumijevanjem budeš prisutna, a istovremeno ostaneš usklađena sa Svojom vibracijom ljubavi i mira.

Budi razumijevanje. Razumi odakle dolaze njihova uvjerenja i osjećaji, bez da ostaneš fokusirana na to. Ljubav i empatija ne znače spuštanje na tuđu vibraciju, već pomoći nekome tako da Ti zadržiš svoju visoku vibraciju. Kada ih vidiš u obilju, umjesto u nedostatku, pomažeš im da i oni dođu na tu vibraciju.

Znači, nisam loša osoba ako ne dijelim tugu s drugima i ako zadržavam visoku vibraciju?

Ne, nisi. Upravo to je najveći izraz ljubavi prema njima i način na koji možeš najbolje pomoći, kako Sebi, tako i drugima. Zadržavanje visoke vibracije nije znak neosjetljivosti, već svjesni odabir da na najbolji način pružiš podršku onima koji pate.

Ako se previše identificiraš s tuđom tugom, riskiraš da i sama počneš vibrirati tugom, što ti ne omogućuje da budeš od pomoći. Održavanje visoke vibracije ne znači da ignoriraš patnju drugih, već da zadržavaš Svoj unutarnji mir kako bi mogla ponuditi suosjećanje i podršku.

Suosjećanje ne znači da moraš dijeliti tugu na isti način kao drugi. Ti možeš pružiti ljubav, podršku i razumijevanje, dok zadržavaš Svoj unutarnji mir. Ostati na visokoj vibraciji zapravo je čin ljubavi jer time stvaraš prostor u kojem drugi mogu pronaći nadu i inspiraciju.

Važno je zapamtiti da svatko prolazi kroz Svoje putovanje na Svoj način i nije Tvoja odgovornost da dijeliš tuđu bol. Tvoja je odgovornost da budeš svjesno prisutna i u skladu s ljubavlju i mirom jer upravo je to najjača podrška koju možeš pružiti onima koji pate.

A što, ako mi netko kaže da sam zbog toga sebična?

Ako netko ovakav pogled na život naziva sebičnošću, to često proizlazi iz nerazumijevanja o tome što znači ostati na visokoj vibraciji i Svijesti Duše i živjeti iz mjesta unutarnjeg mira.

Ljudi koji vjeruju da je potrebno dijeliti tuđu bol kako bi bili suosjećajni jednostavno nisu svjesni da zadržavanje mira, ljubavi i visoke vibracije nije čin neosjetljivosti, već ljubavi prema Sebi i drugima. Drugim ljudima upravljaju njihova uvjerenja. Stoga, postoji šansa da ćeš nailaziti na tuđe nerazumijevanje. Razumi ga. Ljudi često žele da ih se razumije, a razumiješ li Ti tuđe nerazumijevanje?

Prvo i najvažnije, moraš shvatiti da svi dolaze iz različitih okruženja, različitih životnih uvjeta, uvjerenja i iskustava. Te razlike oblikuju njihove poglede na svijet.

Da Ti, Ani, vjeruješ u isto u što i ta osoba vjeruje, Ti bi mislila isto kao i ona. Zato je važno razumjeti da uvjerenja oblikuju ljudske realnosti i načine na koji percipiraju život. I postaje Ti jasno zašto se ponaša kako se ponaša i misli kako misli.

Forsiranje da Te drugi razumiju često dolazi iz potrebe Ega za validacijom. Želiš da Te drugi vide i prihvate, ali često zaboravljaš da prvo ti moraš prihvatiti Sebe. Kada shvatiš život i tko si uistinu, otpuštaš potrebu da Ti drugi potvrde Tvoju vrijednost. Ključ je u prihvaćanju. Prihvaćanju da Te drugi ne moraju razumjeti ili podržavati Tvoje odabire jer to ne mijenja Tvoju vrijednost. Tu se nalazi istinska sloboda koja vodi ka sretnom životu. Tvoja odgovornost nije ugađati tuđim uvjerenjima, već živjeti autentično prema Svojoj vlastitoj istini. Ako netko vidi Tvoj stav kao sebičnost, to je odraz njihovih uvjerenja i njihovog pogleda na svijet. Ti ostani u Svojoj istini i znanju da širenje ljubavi i svjetlosti nije čin sebičnosti, već najveći dar koji možeš dati drugima.

Da, puno je više nesvjesnih ljudi oko nas. Što je, po tebi, prvo što moram razumjeti o njima?

Prvo što moraš razumjeti o drugim ljudima, posebno onima koji su nesvjesni, jest da njihova nesvjesnost nije namjerna niti zlonamjerna, već je rezultat poistovjećivanja s njihovim mislima, uvjerenjima i identitetima Ega. Nesvjesnost i jeste stanje onih koji nisu povezani sa Svojim istinskim Ja, već reagiraju iz starih obrazaca, strahova i uvjerenja.

Razumi da to nije ono tko oni istinski jesu. To je njihovo stanje Uma u kojem su trenutno. Nesvjesni ljudi ne shvaćaju da njihove misli, riječi i reakcije dolaze iz straha, boli i nerazumijevanja. Njihova nesvjesnost, koja se može odraziti kao napad na Tebe, zapravo nema nikakve veze s Tobom, već je to refleksija njihove vlastite unutarnje borbe i nesvjesnih obrazaca koje ne prepoznaju.

Kad to razumiješ, možeš prema njima pristupiti s razumijevanjem, a ne osudom.

Tuđa nesvjesnost ne mora utjecati na Tvoju svjesnost. Tvoja sposobnost da vidiš dublje iza njihovih reakcija omogućuje ti da zadržiš mir i ne ulaziš u njihovu dramu ili nesvjesne obrasce.

A kako da naučim reći "Ne" bez osjećaja krivnje i straha od razočaranja drugih?

Draga Dušo, svako "Ne" koje dolazi iz Tvog srca, u skladu s Tvojom istinom, nije ništa drugo do izraz Tvoje autentičnosti.

Tvoj strah proizlazi iz iluzije da ćeš izgubiti ljubav i prihvaćanje drugih, ali ljubav ne postavlja uvjete.

Strah od razočaranja dolazi iz Ega koji želi održati sliku o Sebi kao nekome tko je uvijek ugodan i prihvaćen. No, kad naučiš reći "Ne" iz mjesta unutarnjeg mira, Tvoje odluke postaju svjesne i autentične, a ne reakcije na vanjske pritiske.

Svaki put kada osjetiš potrebu da kažeš "Da", dok Tvoje biće viče "Ne", Ti se odvajaš od Sebe i Svoje unutarnje istine. U tim trenucima ne slušaš Svoju Dušu. Upravo u trenucima kada ostaješ dosljedna Sebi i onome što zaista želiš reći, povezuješ se s Tvojim najdubljim bićem.

Ne zaboravi, Tvoje "Ne" nikada nije odbijanje ljubavi, nego njen najčišći izraz – ljubav prema Sebi. Kada usvojiš ovu Svijest, Tvoje "Ne" neće biti izvor krivnje, nego izvor Tvoje autentičnosti, jasnoće i poštovanja prema Sebi i drugima.

Zapamti: Ne moraš nositi teret tuđih očekivanja. Njihovo nerazumijevanje nije Tvoj teret. Oni će shvatiti, kada i sami budu spremni. Tvoja je zadaća ostati u istini onoga što jesi, čak i kad to znači nježno i mirno reći: "Ne, ne želim!"

Tvoje granice, koje znaš postaviti, izraz su Tvoje ljubavi prema Sebi. To nisu svi u stanju pa, stoga, nisu ni u stanju razumjeti to kod drugih. Postavljanje granica izraz je zdravih odnosa jer dopušta drugima da Te vide onakvom kakvom uistinu jesi, a ne onim što misle da trebaš biti.

Imaj na umu da Tebe ne definira tuđe razočaranje, već Tvoj vlastiti osjećaj autentičnosti.

Tvoje "Ne" dar je i Tebi i drugima jer omogućuje stvaranje autentičnih odnosa temeljenih na međusobnom poštovanju, a ne na strahu od gubitka ili razočaranja. A takvim odnosima težiš.

Znači, ne trebam se plašiti tuđih reakcija? One nemaju veze sa mnom?

Točno! Ne trebaš se plašiti tuđih reakcija kada kažeš "Ne". Strah od reakcija drugih dolazi iz uvjerenja da si Ti odgovorna za njihove osjećaje, ali to nije istina. Ta uvjerenja dolaze iz njihova djetinjstva jer su njihovi odgovori izazivali reakciju roditelja. Kada dijete kaže roditelju "Ne", bude kažnjeno i naiđe na osudu. A kada napravi što roditelj želi, bude nagrađeno. I time se stječu duboka uvjerenja da ste odgovorni za to kako će se drugi osjećati. Svaka je osoba odgovorna za Svoje reakcije i emocije.

Ako se drugi razočaraju ili ljute na Tvoje "Ne", to je rezultat njihovih očekivanja, a ne Tvojih postupaka. Ti ne možeš kontrolirati kako će netko reagirati, ali možeš kontrolirati Svoju namjeru i način na koji izražavaš Svoje granice. Kada kažeš "Ne" iz mjesta ljubavi i jasnoće, ostaješ u skladu sa Sobom i Svojom visokom vibracijom.

Zapamti da Tvoje "Ne" ne mora biti ni drsko ni bezobrazno. Ono može biti izrečeno s poštovanjem i ljubavlju. Ako se netko razočara, to nije pokazatelj da si pogriješila, već da se njihova očekivanja nisu ispunila.

Zapamti, ljudi koji poštuju i cijene Tvoju autentičnost naučit će razumjeti Tvoje granice i prihvatiti Tvoje "Ne".

Jedinu odgovornost koju imaš je da budeš vjerna Sebi.

A kako da krenem? Kako da naučim reći "Ne", ako do sada nisam znala?

Počni polako. Nježno prema Sebi. Svaki put kad osjetiš da Tvoje srce želi reći "Ne", zaustavi se, udahni i poslušaj Svoj unutarnji glas. Osluškuj Svoju emociju. Zapitaj se: "Je li ovo u skladu s Mojom istinom? Hoću li se nakon ovog osjećati u miru sa Sobom? Je li ovo ono tko Ja želim biti?" I čuj odgovor. Ako je odgovor "Ne", tada ga izgovori. I znaj da onda to "Ne" nije ništa drugo nego čin ljubavi prema Sebi.

Vježbaj reći "Ne" prvo u mislima, prije nego što ga izraziš prema van. Pitaj se uvijek: "Da svaka osoba sada prihvati Moj odgovor s mirom i ljubavlju, koji odgovor bih Ja dala?" Osvijesti javlja li se strah od tuđe reakcije. Ta će Ti prisutnost osvijestiti robuješ li i dalje tuđem očekivanju. Tada osvijesti to i prođi kroz iluziju misli koje su izašle iz sadašnjeg trenutka. Vidjet ćeš, s vremenom će Tvoje "Ne" postati prirodan dio Tebe, jednako kao i Tvoje "Da". Jer Ti imaš pravo na oba. I oba su izraz Tvoje slobode i Tvoje ljubavi prema Sebi. Zapamti: Ako kažeš "Da", kad bi Ti srce reklo "Ne", Sebe si umanjila. A je taj čin garancija nezadovoljstva i nesretnog života. Nikad ne traži sklad sa drugima. Jer ga tamo nikad nećeš naći.

Možeš li mi pojasniti to? Što točno znači da tražim sklad s drugima?

Istinski sklad dolazi iznutra, iz Tvoje povezanosti s vlastitom Dušom. Kada tražiš potvrdu drugih, zapravo tražiš privremeno olakšanje. A sve što je privremeno, nije zauvijek, zar ne? I ako na taj način dolaziš do olakšanja, ono će trajati do prvog sljedećeg puta, kada će Tvoj osjećaj opet ovisiti isključivo o drugima. I tada upadaš u začarani krug cjeloživotnog traženja odobrenja drugih, a sve da bi se Ti samo na kratko osjećala dobro. Istinski mir je trajan. Tvoj unutarnji mir i osjećaj ispunjenosti ne bi trebali ovisiti o vanjskim potvrđivanjima. Kada stalno tražiš da se drugi slažu s Tobom ili da odobre Tvoje misli i osjećaje, gubiš dodir sa svojom autentičnošću. I sa Mnom. Tvoja vrijednost i istina ne ovise o tome koliko se drugi slažu s Tobom, već o tome koliko si usklađena sa Sobom i Svojim unutarnjim osjećajem ispravnosti.

Traženje sklada u tuđem mišljenju vodi Te u zamku ugađanja drugima, kompromitiranja vlastitih uvjerenja i udaljavanja od Sebe. U toj potrazi za vanjskim odobrenjem, riskiraš izgubiti vlastitu unutarnju jasnoću i snagu. Svaka osoba ima Svoje želje i uvjerenja. Stoga je nemoguće postići sklad sa svima oko Sebe.

Prestanak traženja vanjskog sklada siguran je put do slobode i mira jer više ne ovisiš o tuđim mišljenjima da bi se osjećala ispunjeno.

A kako se ponašati u situacijama kada se moje mišljenje razlikuje od tuđeg?

U tim trenucima razumi da tuđe mišljenje dolazi iz njihovih dubokih uvjerenja, baš kao što Tvoje mišljenje dolazi iz Tvojih uvjerenja. Umjesto da ulaziš u sukobe, pristupaj s razumijevanjem jer svatko donosi odluke na temelju Svojih uvjerenja i iskustava. Umjesto uvjeravanja drugih u Tvoje mišljenje, radi na vlastitom usklađivanju sa Sobom i prihvatiti da svatko ima pravo na Svoje uvjerenje. Razumijevanje tuđih uvjerenja donosi mir jer oslobađa potrebe za osudom ili pokušajem promjene drugih. Kada shvatiš da svatko ima Svoja uvjerenja koja su oblikovana njihovim iskustvima, strahovima i životnim putem, bit ćeš u stanju prići svim odnosima s više suosjećanja. Umjesto da očekuješ da drugi razmišljaju ili djeluju kao Ti, počni ih prihvaćati onakvima kakvi jesu, bez unutarnjeg sukoba.

Tuđa uvjerenja Tebi nisu nikakva prijetnju niti izazov na Tvom putu. Neka ti ova spoznaja donese mir jer nema nikakve potrebe da drugima namećeš vlastite ideje. Upravo ti otvorenost prema različitim uvjerenjima omogućuje da vidiš širu sliku i razvijaš dublju povezanost s ljudima, čak i kada se ne slažete u svemu. Time svaki odnos postaje prostor za učenje i rast.

A je li moguće svidjeti se svima?

Nije. Nemoguće je svidjeti se svima. Pokušavanje da se svidiš svima proizlazi iz nesigurnosti i nedostatka vlastite vrijednosti. Svaka osoba vidi svijet kroz Svoje filtere, i zbog toga, bez obzira koliko se trudila, nećeš moći ispuniti očekivanja sviju.

Kada osvijestiš Svoju vrijednost, prestaješ tražiti odobrenje od drugih i prestaješ se truditi da zadovoljiš svakoga. Kada prihvatiš da Tvoj zadatak nije da se svidiš svima, već da budeš autentična i vjerna Sebi, oslobađaš se tereta očekivanja drugih.

Zašto se želimo svidjeti drugima?

To je traženje vlastite vrijednosti izvan vas samih. Od malih su nogu ljudi odgajani na način da traže odobrenje roditelja i društva. Potreba da se sviđaš drugima proizlazi iz duboke želje za prihvaćanjem, ljubavlju i osjećajem pripadnosti. Ljudi prirodno teže osjećaju povezanosti s drugima i strahuju od odbacivanja i, tako uvjetovani, traže potvrdu kroz vanjske odnose. No, ta potreba često dolazi iz Ega koji se boji neprihvaćenosti i gubitka. Jer kada se svidiš drugima, Ego osjeća privremeno zadovoljstvo.

Čekaj, čekaj! Mi se zapravo želimo svidjeti svima, a time nikako ne možemo biti autentični. A s druge strane, nije baš moguće da su svi oni kojima se želimo svidjeti autentični. I u ovom trenutku sam osvijestila da se ja zapravo želim svidjeti onima koji ni sami nisu autentični.

Jako mudro od Tebe. Da. To je točno ono što radiš u tim trenucima. Želiš se svidjeti onima koji ni sami nisu autentični. Autentični ljudi ne očekuju da drugi zadovolje njihova očekivanja. Čim netko to želi, nije autentičan. A time nisi ni Ti. Ako pokušavaš da se svidiš ljudima koji nisu autentični, to znači da se trudiš da dobiješ potvrdu od onih koji nisu u skladu sa Sobom.

Pravi, autentični ljudi poštuju tuđu autentičnost i neće tražiti od Tebe da se prilagođavaš njima kako bi im se svidjela.

Oni koji nisu autentični su u neskladu sa Sobom i upravo su zbog nesklada sa Sobom, u nemogućnosti da drugima pruže istinsku podršku ili prihvaćanje. Vidi samo iluzije: Pokušavaš se svidjeti onim ljudima koji podršku ne znaju dati ni samima Sebi jer nisu u kontaktu sa Svojom pravom suštinom. Autentičnost ne dolazi iz vanjskog odobravanja, već iz unutarnje spoznaje da si vrijedna i bezuvjetno prihvaćena takvom kakva jesi. Kada to shvatiš, automatski ćeš prestati tražiti odobravanje od onih koji nisu u skladu sa Sobom.

Sloboda od potrebe da se svidiš svima dolazi kroz dublje razumijevanje Sebe i prihvaćanje vlastite vrijednosti, neovisno o vanjskim mišljenjima. To započinje procesom osvještavanja – prepoznavanja odakle dolazi Tvoja potreba za prihvaćanjem i radom na otpuštanju uvjerenja koja Te drže zarobljenom u toj dinamici. Kada prepoznaš da je Tvoja vrijednost neovisna o vanjskoj potvrdi, oslobađaš se pritiska da se svidiš svima.

Prakticiranje ljubavi prema Sebi ključno je u ovom procesu. Kad znaš tko si i kad se osjećaš dobro u Svojoj koži, prirodno prestaješ tražiti vanjsko odobravanje. Sloboda dolazi kada prihvatiš da neće svi razumjeti ili voljeti Tvoju autentičnost, ali to Te ne umanjuje. Zapravo, to Te osnažuje jer živiš Svoju istinu.

A što je tuđom kritikom?

Reakcija druge osobe ne govori ništa o Tebi, već o njihovim percepcijama, uvjerenjima i unutrašnjem stanju. Kada to prihvatiš, kritika Te neće uzdrmati. Na primjer, kada netko kritizira Tvoj rad ili način života, važno je ostati siguran u Sebe i Svoj put. Ako Te netko kritizira, prvo je važno shvatiti da njihova reakcija često ima više veze s njihovim vlastitim uvjerenjima, strahovima i percepcijama nego s Tobom osobno. Njihovo je mišljenje samo njihov odraz, a ne Tvoja istina. Umjesto da reagiraš s osjećajem povrijeđenosti ili obrane, pokušaj ostati mirna i promatrati tu kritiku sa smirenošću. Umjesto da dopustiš da Te kritika ruši, koristi je kao priliku za rast. Ako kritika dolazi iz nesvjesnog prostora, shvati da Te ne određuje. Ako dolazi iz konstruktivnog prostora, a to ćeš prepoznati jer će nuditi rješenje, možeš je iskoristiti za osobni razvoj, ali i dalje ne sumnjajući ni jednog trenutka u vlastitu vrijednost.

Srijeda

Danas bi htjela započeti razgovor s važnim pitanjem za mene. Jako volim svoje prijatelje. Neke moje prijateljice imaju druge prijateljice zbog kojih se ne osjećaju lijepo i to podijele sa mnom. Ja vjerujem da bi prijateljstva trebala biti nešto predivno u našem životu. Kako ću znati živim li pravo prijateljstvo i jesam li dobar prijatelj?

Pravo prijateljstvo prepoznaješ po osjećaju duboke povezanosti, uzajamnog poštovanja i podrške, a ne prema vanjskim uvjetima ili očekivanjima. U pravom prijateljstvu osjećaš se slobodno biti Svoja, bez straha od osude ili potrebe da se pretvaraš da si netko tko nisi. Pravo je prijateljstvo prostor u kojem možeš dijeliti Svoje istinske misli, osjećaje i ranjivosti, a pritom osjećati sigurnost i prihvaćanje.

Upravo je autentičnost prvo po čemu ćeš ga prepoznati. Ako se možeš potpuno izraziti bez maski i osjećaja da moraš zadovoljiti tuđa očekivanja, to je znak pravog prijateljstva. Prijatelj koji Te prihvaća takvu kakva jesi – sa svim Tvojim snagama i slabostima – cijeni Tvoju autentičnost. U takvom prijateljstvu nema potrebe za pretvaranjem ili skrivanjem dijelova Sebe.

Ono podrazumijeva i obostranu podršku. Prijatelji su tu jedni za druge, ne samo u trenucima radosti, već i u trenucima izazova i poteškoća. Podrška će uvijek dolaziti iz srca, bez očekivanja nečega zauzvrat. Također, prijatelj koji Te motivira da budeš najbolja verzija Sebe, ali Te prihvaća upravo takvu kakva jesi, također je temelj prijateljstva.

Prijatelji poštuju međusobne granice i individualnost. Pravi Te prijatelj neće prisiljavati da radiš nešto što ti nije ugodno ili u skladu s Tvojim vrijednostima. Također, osjećaj sigurnosti u postavljanju vlastitih granica bez straha da ćeš izgubiti prijateljstvo pokazuje da postoji dublje međusobno razumijevanje i poštovanje. Pravo prijateljstvo ne uključuje osudu. Iako se možda nećete uvijek slagati u svemu, prijatelj Te prihvaća i voli onakvu kakva jesi, čak i kad pogriješiš. Bezuvjetna podrška i prihvaćanje temeljni su aspekti pravog prijateljstva. U takvom odnosu postoji prostor za pogreške i rast, bez straha da će nesporazum ili neslaganje uništiti odnos.

Prijateljstvo zasnovano na iskrenoj i otvorenoj komunikaciji stvara sigurnost. U pravom prijateljstvu možeš izraziti Svoje mišljenje, osjećaje ili brige bez straha da će to narušiti vaš odnos. Iskrenost, i to ne samo u trenucima slaganja, već i neslaganja, ključna je za dugotrajno prijateljstvo.

Pravo Ti prijateljstvo pomaže da rasteš i razvijaš se. Prijatelji koji se međusobno podržavaju u osobnom rastu i promjenama, koji se međusobno inspiriraju i dijele vrijednosti, čine temelj zdravog i dugotrajnog odnosa. Takav Te prijatelj ne zadržava u starim obrascima, već Te potiče na rast i na to da postaneš najbolja verzija Sebe.

U pravom prijateljstvu postoji prirodan balans između davanja i primanja. Nema osjećaja zaduženosti ili potrebe da "vratiš uslugu." Obje strane u odnosu osjećaju se ugodno u dijeljenju i pomaganju, bez osjećaja iskorištavanja.

Dakle, pravo se prijateljstvo temelji na povjerenju, ljubavi, uzajamnoj podršci i autentičnosti. Kada možeš biti u odnosu s prijateljem, a osjećati mir i slobodu da budeš Svoja te kada osjećaš da vas vežu vrijednosti poput poštovanja, iskrenosti i razumijevanja, tada znaš da živiš pravo prijateljstvo.

A zašto onda netko ostaje u odnosima, a nije mu lijepo?

Ostajanje u odnosima u kojima se ne osjećate ni lijepo ni dobro povezano je s duboko ukorijenjenim programima, strahovima i uvjerenjima. Jedan od najčešćih razloga za ostanak u nezdravim odnosima jeste strah od samoće. Mnogi ljudi radije ostaju u odnosima koji ih ne čine sretnima, nego da se suoče s osjećajem praznine koju bi mogli doživjeti izvan tog odnosa. To je strah povezan s uvjerenjem da je bolje imati bilo kakvu povezanost nego biti sam, čak i ako ta veza nije zdrava.

Tu je i potreba da vas drugi prihvate i vole. Osoba može biti toliko nesigurna u Sebe da vjeruje da, ako prekine taj odnos, neće više pronaći nikoga tko će je voljeti ili prihvatiti. U takvim slučajevima, traži se vanjska potvrda vlastite vrijednosti. A zbog Svoje nesigurnosti, osoba uopće nije svjesna da joj taj odnos ne pruža ni ljubav ni podršku.

Još jedan od razloga je i strah od promjena. Ljudi izlaze iz sadašnjeg trenutka u scenarije za koje ne žele da se dogode i sami Sebe uplaše time što se može dogoditi, ako se odluče za promjenu, da iz tog straha ostaju u odnosima samo zato jer su im poznati.

Za takve je osobe sigurnost puno bolja opcija nego sloboda. Čak i ako je toksična.

Oni koji ostaju u toksičnim odnosima ne znaju vlastitu vrijednost i nesvjesno misle da ne zaslužuju bolje odnose. Upravo zbog tog uvjerenja manifestiraju realnosti koje im to i dokazuju. Jer svaki odnos, u kojem ljudi žive i ostaju, pokazuje što misle o Sebi samima.

Robovanje društvenim normama, također, može biti razlog. Strah da će vas netko osuditi ako prekinete neki odnos, čak i kad osjećate da niste sretni. Znaj da oni koji bi Te osudili ni sami ne žive zdrave odnose. Samo će osoba koji živi zdrav odnos podržati osobu koja želi izaći iz toksičnog odnosa. Po tome ćeš i znati želiš li uistinu prihvaćanje osobe koja ni sama ne živi autentično i ispunjeno.

Uvjerenje da je žrtva izraz ljubavi također je ukorijenjeno u mnogim ljudima. Takvi ostaju u toksičnim odnosima jer vjeruju da ljubav znači žrtvovanje Sebe za drugoga. Za njih je prekid odnosa ili sebičan čin ili znak da nisu dovoljno voljeli drugu osobu.

Hvala Ti na ovome. Sada mi je mnogo jasnije.

Zato je osvještavanje važno. Ono Te vadi iz naučenih obrazaca ponašanja i pomaže Ti vidjeti kroz iluziju. A ljubav prema Sebi je ključna. Kada jednom osvijestiš vlastitu vrijednost, itekako biraš odnose u kojima rasteš, a ne one koji te iscrpljuju.

A što, ako želim završiti neki odnos jer sam sve ovo osvijestila i zavoljela sebe, a drugi mi kažu da sam se promijenila?

Kada počneš raditi na Sebi i zavoliš Sebe, prirodno je da će neki ljudi primijetiti Tvoju promjenu i možda neće odmah razumjeti ili prihvatiti ono što vide. Njihove kritike često proizlaze iz njihovih vlastitih strahova, nesigurnosti i nesvjesnih reakcija na promjenu koju doživljavaju. Tvoja ih promjena podsjeća na ono što nisu spremni vidjeti ili priznati u Sebi jer se Tvoja nova energija više ne uklapa u njihove stare obrasce ili očekivanja.

Promjena je prirodan dio života i, kako rasteš, otpuštaš stara uvjerenja i obrasce koji više ne služe Tvom najvišem dobru. Kritike koje primaš ne govore o Tebi, već o nesvjesnosti drugih. Oni su navikli na staru verziju Tebe, koja je možda više ugađala njihovim potrebama ili očekivanjima, i sada osjećaju nelagodu jer ta nova Ti više ne ispunjava njihova očekivanja. Ali, njihova reakcija ne treba biti Tvoj teret. Ljudi koji reagiraju negativno na Tvoju promjenu to rade iz svojih vlastitih uvjerenja i percepcija, a ne zbog istinske refleksije onoga tko Ti jesi.

Zbog nemogućnosti da prihvate Tvoju promjenu, rezultat će biti kritike, i to samo iz razloga jer *žele zadržati staru Tebe koja je bila u skladu s njihovim pogledom na svijet*. No, zapamti: Tvoja odgovornost nije da zadovoljiš tuđe očekivanje, već da ostaneš vjerna Sebi i Svom unutarnjem rastu. Kada se zavoliš i postaneš svjesna Svoje unutarnje vrijednosti, otpuštaš potrebu da Te vanjski svijet potvrđuje. Tvoj mir dolazi iznutra, iz ljubavi koju osjećaš prema Sebi.

Samo kad ne voliš Sebe, ljubav tražiš od drugih.

Ne plaši se tuđih reakcija i toga da će neki ljudi nestati iz Tvog života jer ćeš vrlo brzo u Svoj život privući ljude koji će rezonirati s Tvojom novom energijom i pogledom na život. A znaj da je to ono što Ti istinski i želiš.

A kako mogu saznati jesam li možda ja uzrok lošeg odnosa, a ne netko drugi?

To zahtijeva duboku iskrenost prema Sebi i spremnost da preispitaš vlastite misli, osjećaje, fokus i uvjerenja. Jer sve to rezultira Tvojim ponašanjem u nekom odnosu. Osvijesti Sebe u svakom odnosu, bez da se kriviš. Zapamti, uvijek radiš najbolje što znaš s razine Svijesti na kojoj se trenutno nalaziš.

Budi svjesna u odnosima. Promatraj Sebe i Svoje reakcije. Samo kroz svjesno promatranje Sebe možeš otkriti je li Tvoje ponašanje možda obrambeno, iz Ega ili vođeno nesvjesnim obrascima koji dolaze iz Tvojih prošlih iskustava. Jesi li iskrena prema Sebi i drugima? Ponekad se loš odnos može razviti jer se ljudi ne osjećaju slobodnima izraziti Svoje istinske potrebe, strahove ili nesigurnosti. Možda se prilagođavaš tuđim očekivanjima ili izbjegavaš konflikt kako bi održala mir, što može rezultirati nakupljanjem frustracije koja se kasnije manifestira u lošim odnosima.

Ključno je da preuzmeš odgovornost za Svoje misli, riječi i djela. To znači osvijestiti da, iako ne možeš kontrolirati tuđe postupke, imaš potpunu kontrolu nad Svojim reakcijama.

Ako se uhvatiš u negativnim obrascima – poput stalnog okrivljavanja drugih, pasivno-agresivnih ponašanja ili potrebe da uvijek budeš u pravu – tada je moguće da na neki način doprinosiš nezdravom odnosu. Kroz osvještavanje Sebe, stječeš snagu da promijeniš način na koji se ponašaš u nekom odnosu.

Razgovaraj u odnosu. Komunikacija je ključna. Pitaj ljude koje voliš osjećaju li ljubav s Tvoje strane. Jesi li Ti sve ono što želiš da oni budu za Tebe. To Ti može pružiti nove uvide i pomoći da vidiš stvari iz njihove perspektive.

Ako shvatiš da su Tvoja nesvjesna ponašanja imala utjecaj na neki odnosu, znaj da je to prilika za osobni rast. Kada prepoznaš Svoju ulogu i spremna si raditi na Sebi, otvaraš put ka dubljoj svjesnosti i boljim odnosima. Osvještavanje Sebe u odnosima može Ti samo služiti. Jer ćeš Sebe uvijek nositi sa Sobom u svaki odnos.

Kada mogu znati da je pravi trenutak da završim neki odnos?

Pravi trenutak da završiš odnos prepoznaješ kroz dublje slušanje Sebe i vlastite intuicije, kao i kroz jasnu svjesnost o tome *kako se osjećaš* u tom odnosu.

Ako osjećaš da rasteš ili da želiš rasti, a osoba s kojom si odnosu pokušava sputavati Tvoj rast, pokazatelj je promjene vaših vibracija. Ljudi se kroz život mijenjaju i nisu iste osobe kao one koje su bile kada je odnos započeo. Ako ne živite ekspanziju zajedno, to je jasni pokazatelj da vaše vibracije više nisu podudarne i da jedan od vas pristaje umanjiti Sebe u tom odnosu.

Puno Te razloga može dovesti do osjećaja da je vrijeme da se neki odnos završi. Budi iskrena prema Sebi. Ako nekim dijelom Sebe osjećaš da je vrijeme i ostaneš prisutna bez ulaska u strahove, jasnoća će postati toliko vidljiva da je nećeš moći ne primijetiti.

A najveći znak je kada znaš da si napravila sve što si znala u tim trenucima. Kada napraviš sve što možeš i znaš, a odnos se ne mijenja, tada ćeš taj odnos završiti iz osjećaja mira. U toj spoznaji.

Vjeruj Sebi i vlastitoj intuiciji. Ona Ti već daje odgovore, a kada se uskladiš s njom i slušaš je bez strahova, prepoznaješ pravi trenutak za izlazak iz odnosa koji više nije u skladu s Tvojim najvišim dobrom. I neka Ti uvijek prvi korak bude razumijevanje.

A zašto moram razumjeti? Nekad me to razumijevanje umara.

Razumjeti ne znači trpjeti ili prihvatiti loše ponašanje. Razumjeti znači osvijestiti da svaka osoba reagira iz Svojih uvjerenja, boli ili nesigurnosti. Kad to shvatiš, možeš promijeniti Tvoj pogled na situaciju, a time i Tvoju vibraciju. Ako promjena Tvoje vibracije ne donese promjenu u odnosu, tada mirno možeš staviti točku na taj odnos.

Razumijevanje tuđeg ponašanja važno je za Tebe jer ćeš time Ti ostati prisutna i mirna Umjesto da ulaziš u konflikte i osudu, razumijevanje Ti pomaže da vidiš dublje motive ili strahove iza tuđih postupaka, a ne samo površinsko ponašanje.

No, kao što si primijetila, stalno razumijevanje drugih može biti iscrpljujuće i naporno, ako Ti ne ostaješ prisutna u sadašnjem trenutku. I to je u redu. I Sama rasteš. Važno je razumjeti da razumijevanje ne znači da moraš prihvatiti ili opravdati nečije ponašanje. To jednostavno znači da vidiš širu sliku, prepoznaješ tuđe programe, uvjerenja i unutarnje borbe, a ne pristajanje na to. Razumijevanje Ti daje slobodu da odgovoriš s više mudrosti, a ne da budeš uvučena u dramu.

Razumi i istovremeno, postavi granicu. Razumjeti ne znači negdje ostati. *Razumjeti možeš i izdaleka.*

Razumijevanje ne treba biti teret. Ako je teret, to je znak da Ti nisi dobro razumjela razumijevanje. Ono Ti treba donositi mudrost i mir.

A što, ako ipak osjetim krivnju kad završim neki odnos?

Odnosi u životima ljudi ne moraju trajati zauvijek niti im je to svrha. Svaki odnos ima smisao za svakog od vas. Ljudi dolaze u vaš život s razlogom, mnogi dogovoreni čak i prije vašeg rođenja. Kada ispune Svoju svrhu, oni završavaju. To je prvo važno da osvijestiš.

Kraj nekog odnosa ne znači Tvoj neuspjeh, već dio životnog procesa i rasta, kako Tebe, tako i druge osobe. Kako bi se oslobodila krivnje važno je da shvatiš da Ti nisi odgovorna za tuđe osjećaje. Dok si možda zabrinuta kako će druga osoba reagirati ili se osjećati, Tvoja odgovornost leži prvenstveno u tome da budeš iskrena prema Sebi.

Kada djeluješ iz Svoje istine, a ne iz osjećaja dužnosti ili straha, tada odluka dolazi iz mjesta ljubavi, a ne iz straha ili obrane. Krivnja se često javlja kada ostajete u odnosima iz obaveze, a ne iz autentične želje. Stoga je završavanje odnosa, kada osjetiš da je to potrebno, čin poštovanja prema Sebi i drugoj osobi.

Kako bi izbjegla krivnju važno je otpustiti očekivanja koja imaš od tog odnosa i razumjeti njegovu svrhu u njihovoj dimenziji. Upravo je kraj nekog odnosa za mnoge put ka iscjeljenju.

Ako na to gledaš na ovaj način, krivnju će zamijeniti zahvalnost. Zahvalnost za lekcije, rast, trenutke ljubavi i zajedničkog putovanja pomoći će Ti da na kraj tog odnosa gledaš iz mjesta ljubavi iz Sebe, a ne iz Ega. Zbog tog si se odnosa Ti promijenila. Jer da nisi, taj odnos bi i dalje bio tu. Dakle, itekako Ti je služio.

To je li to isto napravio i drugoj osobi nije Tvoja odgovornost. Ti nisi odgovorna za to kako će druga osoba gledati na kraj vašeg odnosa i koje će emocije imati. Sada znaš da to kako će se oni osjećati dolazi iz njihove perspektive iz koje gledaju na kraj tog odnosa. *A njihova perspektiva nikako nije Tvoja odgovornost.*

Ostani prisutna u Svijesti da sve što se događa ima Svoju svrhu – svaka osoba i svaki odnos donose lekcije koje Te vode bliže Tebi, dubljoj mudrosti i savršenstvu kreiranja života.

Hvala ti beskrajno na ovim riječima.

S ljubavlju, Ani.

Nestanu li, sa svim ovim spoznajama, negativni ljudi iz naših života?

Sa svim ovim spoznajama, ljudi koje nazivaš negativnima neće potpuno fizički nestati iz Tvog života, ali Tvoj način na koji ih doživljavaš i kako reagiraš na njih drastično će se promijeniti. Kako rasteš u Svojoj svjesnosti, ljubavi prema Sebi i unutarnjem miru, ljudi koji su u neskladu s tom vibracijom prirodno će se udaljiti. To je ljepota procesa kojem ćeš svjedočiti.

Rekla si: "Ljudi koje nazivam negativnima, a ne negativni ljudi." Možeš li mi pojasniti zašto?

Jer su to ljudi poput svih drugih. Nisu oni negativni. Oni su samo fokusirani na probleme, kritike ili osjećaju pesimizam. To nisu zle niti loše osobe, već osobe potpuno nesvjesne Svog unutarnjeg stanja, strahova i reakcija uvjetovanih Egom koje ih drže u tom začaranom krugu negativnosti. Oni uopće nisu svjesni utjecaja koji njihova energija ima na druge. Oni su za Sebe itekako normalni i realni. Ne shvaćajući da su Svojim fokusom kreirali realnost borbe i problema. Kada nekoga nazivaš negativnom osobom, Ti toj osobi daješ moć nad Tvojom vibracijom. Time joj omogućuješ da utječe na Tvoj život. Razumi odakle dolazi takav njihov pogled na život i prihvati da se neće promijeniti, osim ako sami to ne budu željeli. Oni su naučeni živjeti na taj način i njihov pogled na svijet dolazi iz njihovih uvjerenja.

A kada Ti osvijestiš, promijenit će se način na koji ih doživljavaš, a time će se mijenjati i moć koju im daješ nad vlastitim emocijama i vibracijom.

Je li isto, ako je to član obitelji koji uvijek ukazuje na negativne aspekte svega?

Kada se radi o članu obitelji, ljudi imaju osjećaj da je puno teže, a gotovo i nemoguće, ostati u balansu jer su obiteljski odnosi često duboko ukorijenjeni u programe i uvjerenja, a time i jako emocionalno nabijeni. Ta osoba vjeruje da Ti pomaže, pokušavajući Te "zaštititi" tako što Ti ukazuje na potencijalne probleme. Umjesto da se ljutite ili sukobljavate, prvo to osvijestite, a nakon toga preusmjerite razgovor ka rješenju. Odličan način je preusmjeriti razgovor na rješenje: "Dobro, hvala što si Mi ukazao na te probleme. Kako misliš da bih ih mogla riješiti?" U ovim će Ti trenucima postati jasno ima li ova osoba zaista rješenje ili je u ulozi žrtve i samo želi fokusom potvrđivati vezanost za vlastiti identitet. Koji god odgovor bio, Tebi će postati jasno da ova osoba samo traži vlastito olakšanje od emocija koje osjeća zbog vlastitog fokusa.

Najgore za Tebe je da ih cijelo vrijeme želiš promijeniti, držeći fokus na onome što Ti se ne sviđa. Na taj se način realnost ne mijenja. Nikada. Način na koji reagiraš na njih se treba prvo promijeniti. To je znak da se Tvoja vibracija prema njima promijenila, a tada se realnost oko Tebe tek može i hoće mijenjati.

Mi zapravo često druge nazivamo negativnima, a ni sami nismo uvijek pozitivni zar ne? Svi imamo dane kada nismo dobro?

Točno. Svaka osoba prolazi kroz određene životne trenutke, kada se suočava s teškim emocijama ili izazovima. To je potpuno prirodno i ljudsko iskustvo. Ponekad su ljudi skloni zamjerati takozvanim "negativnim" ljudima, često zaboravljajući da i sami imaju dane kada nisu na visokoj vibraciji ili kada su obuzeti vlastitim problemima i strahovima.

Važno je prihvatiti Svoju savršenu nesavršenost i shvatiti da je prirodno imati trenutke emocija niske vibracije. Nalazite se u kontrastnoj sredini s razlogom jer je to iskustvo dio našeg rasta. Mog, a time i Tvog. Razlika među ljudima je u tome kako se nose s tim trenucima i koliko brzo se vraćaju u ravnotežu i svjesnost.

Zato je važno prvo okrenuti se Sebi i upoznati Sebe. Tek tada možeš potpuno i suosjećajno razumjeti i sve druge. Postoje ljudi koji nemaju s kim razgovarati, koji nemaju nikoga da ih pita "Kako si?" ili da ih sasluša. Puno je takvih ljudi na svijetu i nije čudo da razvijaju obrambene mehanizme u kojima se brane napadima i ulaze u uloge žrtve.

Prvo budi nježna prema Sebi, Ani, kada prolaziš kroz teške trenutke. Umjesto da se kritiziraš zbog toga što nisi uvijek pozitivna, prepoznaj te osjećaje kao privremene i pusti ih da se izraze. Dopusti energiji da se transformira u Tvom razumijevanju. To je dio ljudskog iskustva.

Prihvaćanje je izraz ljubavi prema Sebi, a ona Ti omogućuje da brže pronađeš put natrag prema unutarnjem miru i ravnoteži. I Tvojoj prirodno visokoj vibraciji.

Kako prihvatiti trenutke kada nismo dobro?

Prihvaćanje trenutaka kada niste dobro zahtijeva nježnost prema Sebi i duboku svjesnost. Ključ nije u bježanju od tih trenutaka, već u tome da im se priđe s ljubavlju i razumijevanjem, bez osude prema Sebi.

Prvi je korak u tom procesu osvijestiti kako se osjećaš, *bez prisiljavanja Sebe na pozitivnost.* Dopuštanje osjećajima da postoje, bez osuđivanja, pomaže Ti da ih prihvatiš kao dio sadašnjeg trenutka. A u sadašnjem je trenutku najveća moć za transformaciju. Prihvati svoje emocije i reci Sebi: "U redu je što se sada osjećam ovako." Upravo je prihvaćanje put kojim vraćaš Svoju vibraciju na onu koja Ti je prirodna. Opiranje emociji Te još duže zadržava u njoj. Biti nježan prema Sebi u tim trenucima ključan je aspekt prihvaćanja. Često kada niste dobro, skloni ste biti strogi prema Sebi, misleći da biste trebali biti drugačiji. Gledaj na emociju kao na energiju u pokretu, što ona i jeste. Prihvaćanje sadašnjeg trenutka dovodi do unutarnjeg mira, jer se više ne boriš s onim što je Tvoja istina u tom trenutku.

Osvijesti da si Ti svjesnost koja je prisutna i koja emociju promatra, a ne emocija koju osjećaš. Na taj je način transformiraš.

Znaj da su emocije niske vibracije, koje se tada osjećaju, signal koji pokazuje da postoji neko uvjerenje ili percepcija koja nije u skladu s Tvojom istinskom vibracijom i pokazatelj je određenog otpora.

U tim trenucima nakon osvještavanja i prihvaćanja kako se osjećaš, ako osjećaš da će Ti služiti, možeš se zapitati: "Koja mi misao sada donosi barem malo olakšanja?". Ne forsiraj emociju i ne pokušavaj napraviti veliki skok u tome kako se osjećaš. I najmanji korak u smjeru vlastitog olakšanja zapravo je za Tebe u tom trenu najveći mogući korak. Time ćeš se polako podizati na emocionalnoj ljestvici, a to je put vraćanja vibracije na Tvoju prirodnu vibraciju.

To je ono što ljudi zovu radom na Sebi. Osvještavanje trenutka te spoznaja da ga možete mijenjati ako želite.

Možeš li mi malo više reći o tome? O radu na sebi.

Rad na Sebi nije popravljanje Sebe, jer Ti nisi pokvarena ili nešto s Tobom ne valja, pa se moraš popraviti. *Rad na Sebi podsjećanje je Sebe tko si zaista.*

To je putovanje kroz duboko razumijevanje Sebe, Svojih emocija, misli, ponašanja i uvjerenja. To je putovanje prema dubljoj mudrosti, ljubavi i svjesnosti. Rad na Sebi ne znači postati "savršena" osoba, već se povezati sa Svojom istinskom prirodom. Ljudi taj proces najčešće započinju kada počnu osjećati nezadovoljstvo, frustraciju, tjeskobu ili osjete da su u konfliktu sa Sobom samima. Dijagnoze su, također, ono što ljude motivira da počnu postavljati dublja pitanja. To su trenuci kada vam otpori koje pružate postanu i fizički vidljivi i više ih jednostavno ne možete ignorirati.

Dijagnozama je to i svrha. Da na fizičkoj razini vidite da protok vašeg energetskog tijela nije u ravnoteži.

Tada krećete prema dubljem razumijevanju Sebe i svijeta oko Tebe. Kako onog svijeta kojeg vidite, tako i onog kojeg ne vidite. Ali ga osjećate.

Različiti su putevi na tom putovanju i svaka osoba bira svoj put. Ali, svaki, baš svaki kreće osvještavanjem kroz edukaciju. Točnije, prikupljanje određenih znanja i informacija jer time otvarate vrata u jedan potpuno novi svijet. Svijet koji do tada niste poznavali. Tu se dolazi do spoznaje da svaka osoba ima duboko ukorijenjena uvjerenja koja su oblikovala njihov život. Ta uvjerenja mogu biti rezultat obiteljskog odgoja, društvenih normi, traumatičnih iskustava ili prošlih odnosa. Prepoznavanje tih uvjerenja i njihovog utjecaja na odluke koje su zbog njih donošene ključno je za promjenu. Postoje i uvjerenja koja ste na razini Duše odabrali da ćete imati kako biste bili u stanju odraditi Svoju misiju. Zato postoje ljudi koji od malih nogu pružaju otpore sustavu jer su u njima, već samim rođenjem, usađena drugačija uvjerenja i jednostavno im cijelo biće reagira na ono što u dubini Sebe osjećaju da nije za njih istina.

Rad na Sebi podrazumijeva preuzimanje odgovornosti za Svoje misli, osjećaje i postupke. Gubi se prebacivanje odgovornosti sa drugih te se prepoznaje Svoja moć. A ona je u spoznaji da se život mijenja iznutra prema van. I, upravo u toj spoznaji, osoba dobiva najveću snagu. Jer dokle god vjeruje da netko ili nešto izvanjsko upravlja ljudskim životima, ostaje se u vibraciji nemoći, a time i u nemogućnosti da se nešto promijeni.

Meditacija je neizostavan dio onih koji žele ući u dublje razine Svijesti. Upravo se meditacijom ljudi povežu s onim tko istinski jesu. Ulaskom u tišinu Svog bića, spoznaju da se već u njima kriju najdublje istine. Meditacija otpušta otpore jer vas vraća u sadašnji trenutak u kojem se stopite s Višim aspektom Sebe i shvatite da je to ono tko vi jeste. Spoznate važnost daha kao poveznice s dimenzijama kojih se do tada niste sjećali. U meditaciji, vaša vibracija se podiže i, jednostavno, i *dok ste u fizičkom svijetu, počinjete imati iskustvo duhovnog svijeta.* I tu dolazi do prosvjetljenja, točnije, jasnog viđenja iluzije koju ste odabrali iskusiti. Tu imate čistu komunikaciju s Višim aspektima Sebe, kao i drugim dimenzijama.

Ne postoji samo jedan put. Ima ih koliko ima i vas. I zato osluškujte Sebe. Osluškujte svoje Više Ja, koje svatko od vas ima. Jer kao što već rekoh, nemaju ljudi Više Ja. Više ja ima ljude. Svaka je osoba projekcija Višeg Ja u fizičku realnost i nikada to nije prestala biti. Vi ne morate ništa raditi kako biste se povezali. Već ste svi povezani. Samo mislite da niste. *Kada prestanete to misliti, iskusit ćete.* I koji god put do toga odabrali, idite njime.

Rad na Sebi nije put prema nekoj drugoj Tebi, već povratak istini o tome tko već jesi.

Predivno! I utješno. Nakon tvojih rečenica osjetim mir.

Jer ih prepoznaješ kao istinu. I to radi u svakom trenutku svog života. Slušaj kako se osjećaš. *Osjećaji su jezik Duše.*

121

Upravo to je jezik kojim Tvoja Duša razgovara s Tobom i usmjerava Te.

Slušajući ovo, shvaćam da se ja ne moram uvijek osjećati pozitivno kako bi rasla i kako bi moj život išao u smjeru u kojem želim?

Ne, naravno da ne.

Negativne su emocije sastavni dio Tvog života na Zemlji. Važno ih je razumjeti. One su kao putokaz, a putokazi nisu niti loši niti nepoželjni zar, ne? Upravo suprotno. Prijeko su potrebni u Tvom iskustvu. Negativna je emocija signal koji Ti pomaže da prepoznaš kada nisi u skladu sa Sobom, točnije, sa Mnom. Ja ih sada zovem negativnima zbog Tebe, da razumiješ o kakvim emocijama pričam, ali one nikad nisu negativne. To je Tvoje obilježje koje si dala takvoj energiji. One su naprosto energija niže vibracije od Tvoje prirodne. One nisu ništa druge doli energija u pokretu. Kada osjećaš nešto negativno, to je znak da postoji otpor između Tvoje trenutne i Tvoje istinske vibracije. A to je radost.

Ključ je u tome da ih promatraš bez osuđivanja, da budeš svjesna tih osjećaja, ali da ih ne doživljavaš kao Svoj identitet. Prisutnost je ono što je najvažnije – biti svjestan sadašnjeg trenutka i prihvatiti Svoje emocije takve kakve jesu u datom trenutku, a onda svjesnošću odabrati što dalje s njima.

Tko su onda pozitivni ljudi? Točnije, tko bih ja trebala biti kako bih mogla reći za sebe da sam pozitivna osoba?

Pozitivna osoba svjesno prihvaća sve emocije kao prirodni dio života, ne opire se Svojim emocijama već ih razumije i koristi ih za dublje razumijevanje Sebe. Pozitivnost nije u stalnoj sreći, već u prisutnosti, Svijesti i usklađivanju sa Svojom unutarnjom istinom.

Prava pozitivnost dolazi iz prihvaćanja onoga što jeste, bez unutarnjeg otpora. Negativne emocije ne definiraju osobu i to pozitivna osoba zna. Ona ih promatra bez identifikacije s njima. Pozitivnost dolazi iz mirnog promatranja vlastitih misli i emocija, umjesto da im se dopusti da vas kontroliraju.

Pozitivna osoba zna da kada osjeti negativne emocije, da su one su samo znak da nisu u vibracijskom skladu s onim što uistinu žele. *Biti pozitivan znači koristiti negativne emocije kao alat za preusmjeravanje ka radosti i uzbuđenju, a ne bježati od njih.*

Pozitivnost je sposobnost da se i u trenutku negativnih emocija pronađu misli koje će toj osobi donijeti barem malo olakšanje bez prisile da se odmah osjeća radosno ili sretno.

Prava pozitivnost dolazi iz prihvaćanja svakog dijela Sebe – Svojih pozitivnih i negativnih emocija – i iz ljubavi prema Sebi u svakom trenutku, bez potrebe da bježiš ili se osjećaš loše zbog negativnih emocija.

Primjerice, pozitivna osoba, kad osjeti strah ne kaže: " Ne trebam se ovako osjećati." Ona kaže: "Osjećam strah u ovom trenutku i to je sasvim u redu."

Kako se onda pozitivna osoba ophodi prema sebi, kada se suoči s negativnim emocijama?

Pozitivna osoba ne identificira Sebe s negativnim emocijama. Umjesto da se izgubi u mislima ili emocionalnim reakcijama, ona ostaje prisutna, svjesno promatrajući te emocije bez prosudbe. Shvaća da negativne emocije dolaze i prolaze, ali ona je svjesnost koja ih promatra. U tim trenucima, *ne postoji borba protiv onoga što osjeća*, već mirno prihvaćanje trenutnog stanja, što omogućuje da emocije ne upravljaju osobom.

Pozitivna osoba koristi negativne emocije kao alat za usklađivanje. Kada osjeti negativnu emociju, ona je ne vidi kao neprijatelja, već kao putokaz koji joj pokazuje gdje postoji nesklad između njene vibracije i onoga što istinski želi. Umjesto da potiskuje te emocije, pozitivna se osoba pita: "Što Mi ova emocija govori? Kako mogu preusmjeriti Svoju pažnju prema onome što Me uzbuđuje i donosi radost?" Negativne emocije su kao poziv na usklađivanje s radošću, a ne znak da nešto nije u redu s Tobom.

Pozitivna osoba će, nakon što osvijesti misao, pokušati naći misao koja će joj donijeti olakšanje u tom trenutku. Kada se suoči s negativnim emocijama, ne pokušava preskočiti te osjećaje i odmah se osjećati savršeno, već traži mali pomak prema boljem osjećaju, korak po korak.

Pozitivna se osoba prema Sebi ophodi s nježnošću i prihvaćanjem, kada se suoči s negativnim emocijama.

Ona ne bježi od tih emocija, već ih koristi kao priliku za rast, usklađivanje i dublje razumijevanje Sebe. **Prava pozitivnost nije u tome da stalno budeš sretna, već u sposobnosti da budeš svjesna, suosjećajna i spremna učiti iz svih emocija, prepoznajući da su sve emocije dio prirodnog tijeka života.**

Pozitivna se osoba nikad ne osuđuje zbog emocije koju osjeća. Ako osjeća tugu, kao što se može dogoditi zbog gubitka voljene osobe, njoj je potpuno u redu plakati i osjetiti taj nedostatak. Ali, njen pristup dovede do odluke da ne ostaje u toj emociji duže nego što joj treba da je izrazi i okreće fokus na lijepe uspomene ili trenutke zahvalnosti. To je ravnoteža između priznavanja boli i usmjeravanja pažnje na ono što donosi radost i toplinu.

Dakle, pozitivna osoba može osjetiti tugu, ali zna kako mijenjati fokus?

Da, to je ključ. Biti pozitivan ne znači zavaravati se ili ignorirati stvarnost, već imati sposobnost prebaciti fokus s onoga što donosi bol na ono što donosi zahvalnost i radost.

Što je, onda, toksični pozitivizam? Postoji li to uistinu?

Toksični pozitivizam uistinu postoji i odnosi se na stav ili ponašanje koje forsira stalnu pozitivnost, čak i u situacijama kada je prirodno i zdravo osjećati negativne emocije, poput tuge, ljutnje, straha ili razočaranja. Toksični pozitivizam nameće ideju da bi osoba uvijek trebala biti sretna i vedra, bez obzira na okolnosti, što može stvoriti pritisak da se potiskuju stvarni osjećaji i

ignorira emocionalna stvarnost.

Umjesto da se dopušta i prihvaća izražavanje širokog spektra emocija, toksični pozitivizam može nametnuti uvjerenje u kojem se negativni osjećaji smatraju «pogrešnima» ili neprihvatljivima. To može dovesti do toga da ljudi skrivaju Svoje stvarne emocije, osjećaju se krivima što nisu stalno sretni ili se pretvaraju da su dobro, kada nisu.

Aha! Jasno! A možeš li mi reći kako mogu prepoznati da netko nije zaista pozitivan, već se radi o toksičnoj pozitivnosti?

Osoba će potiskivati Svoje emocije jer vjeruje da je "pogrešno" osjećati se loše. Bit će napeta i opterećena jer se prisiljava na pozitivnost.

Nećeš vidjeti empatiju za tuđe emocije, već samo riječi poput "Misli pozitivno".

Takva će osoba misliti da je ranjivost slabost i da biti ranjiv znači biti slab ili negativan.

Vjerovat će da je samo sreća poželjna emocija.

Kada znaš da prava, zdrava pozitivnost uključuje priznavanje svih emocija, jasno znanje zašto se one pojavljuju, svjesno suočavanje s njima i rast kroz iskreno prihvaćanje trenutka, kakav god on bio, jasno ćeš vidjeti kada se radi o nezdravoj verziji.

Znači, nije uvijek dobro reći nekome da samo misli pozitivno?

Točno. U određenim trenucima, ljudi trebaju podršku, empatiju i razumijevanje, a ne savjete poput: "Samo misli pozitivno." U tim je trenucima bolje pitati osobu: "Što mogu učiniti za Tebe? Kako Ti mogu pomoći sada?". To stvara prostor za tu osobu da izrazi Svoje osjećaje i osjeti da je viđena i podržana. U tim trenucima treba biti za tu osobu tu na način na koji njoj treba jer će ona u tim trenucima birati ono što joj najbolje otpušta otpore u kojima se nalazi.

Dakle, pozitivan stav ne znači zanemariti stvarnost, već pronaći mir i ravnotežu?

Tako je. Sad si razumjela.

Divno! Zaista i osjećam jasnoću. Hvala ti na tome. Rekla si maloprije u jednoj rečenici da toksični ljudi vjeruju da je samo sreća poželjna emocija. Možemo li malo razgovarati o sreći?

Sa zadovoljstvom, Ani.

Super! Što je za tebe sreća?

Sreća je kontinuirani osjećaj radosti. To nije trenutni osjećaj uzbuđenja ili zadovoljstva zbog nečega izvanjskog, već je to duboko i trajno stanje unutarnje ispunjenosti i zahvalnosti. Sretni su ljudi shvatili da sreća nije nešto što će doći, kada postignu određene ciljeve, već nešto što se može živjeti u svakom trenutku života, bez čekanja. A ta radost dolazi iz autentične povezanosti s vlastitom Dušom.

Je li sreća stvar odluke?

Da. Ljudi se odlučuju biti sretni, kada shvate da je sreća stvar odabira odnosno njihove odluke kako će razmišljati o stvarima koje im se događaju. Sretni ljudi biraju misliti na način koji ih čini radosnima. Preuzimaju odgovornost za Svoje misli i osjećaje, umjesto da krive okolnosti ili druge ljude. Oni shvaćaju da, iako ne mogu kontrolirati sve što im se događa, mogu kontrolirati Svoje reakcije na te događaje. Oni, također, pažljivo biraju Svoj fokus. Znaju da itekako mogu držati fokus na onome što im se ne sviđa, ali to ne rade, te biraju u što žele gledati jer znaju da im to izaziva emociju, te sami biraju kakve će emocije imati.

A što bi mi ti rekla, kako da najbrže postanem sretna?

Tako da nigdje ne žuriš jer nigdje ne kasniš. I da ovo Tvoje životno putovanje ne izgleda tako da negdje moraš stići, već je putovanje cilj samo po sebi.

Neizostavni faktor za sreću je zahvalnost. Kada postaneš svjesna svega onoga što već imaš i živiš ovog trenutka i kada prestaneš uzimati život, Sebe i sve oko Sebe zdravo za gotovo, počet ćeš osjećati duboku radost i zadovoljstvo. Najveća se radost nalazi u sadašnjem trenutku. Jer je ona Tvoje prirodno stanje. Zahvalnost radi upravo to. Vraća Ti fokus u sadašnji trenutak i podsjeća Te na bogatstvo koje već živiš. Kada si zahvalna usklađuješ se sa Mnom i osjećaš energiju koju Ja emitiram. Jer Moj je fokus uvijek na Sada i na obilju.

Zahvalnost Te vadi iz misaonih obrazaca Ega koji je fokusiran na prošlost i budućnost, a sreća ne stanuje tamo. Vibracijom zahvalnosti, Ti odašilješ signal obilja i to postaje Tvoje prirodno stanje te, time, svjedočiš sve većem obilju. Zahvalnost i sreća su usko povezane. Jesi li ikada srela zahvalnog i nesretnog čovjeka?

Hm. Kad malo razmislim, i nisam.

Točno. A nezahvalnog i sretnog?

To nisam sigurno.

Vidiš. I tako osvijestiš da je *zahvalnost put do sreće*.

A mogu li neke svakodnevne aktivnosti doprinijeti sreći?

Naravno. Svakodnevne aktivnosti, poput vježbanja, šetnje, slušanja muzike koju volite, čitanje knjiga ili razgovora s dragom osobom mogu pokrenuti osjećaj radosti i zadovoljstva. Sretni su ljudi svjesni kako provode Svoje vrijeme i obraćaju pažnju na sitne stvari koje ih čine radosnima. Čak i najjednostavnije aktivnosti mogu donijeti veliku radost, ako ih doživljavate i cijenite svjesno.

A kako naše misli utječu na našu sreću?

Misli oblikuju vašu stvarnost. Za početak je važno osvijestiti da Ti nisi Tvoje misli. Ti si ona svjesnost iza njih. Ti si ona koja ih promatra. Kada se odvojiš od Uma i živiš u sadašnjem trenutku, oslobađaš se svih otpora koje Ti misli mogu donijeti. Misli su često vezane uz prošlost ili budućnost, a sreća se nalazi u sadašnjosti.

Misli su ključne za vaše emocije. One su uzrok vaših osjećaja, i ono što mislite direktno utječe na to kako se osjećate. Upravljanje mislima ključno je za život ispunjen srećom. Jer kakve su Ti misli, takve su Ti emocije. Svaka misao koju imaš nosi određenu vibraciju. Kad razmišljaš pozitivno, osjećaš se dobro, a to znači da si u skladu sa Višim dijelom Sebe odnosno s onim dijelom nas koji je povezan s Dušom. To stanje donosi emocije sreće, mira i ispunjenosti. Kada imaš negativne misli, ne osjećaš se dobro, a to znači da nisi u skladu s Višim aspektom Sebe. Tada ćeš osjećati strah, tugu, nemoć i ostale emocije niske vibracije. Ti si Ja. Moja energija je Tvoja. U trenucima Tvojih otpora, ne možeš je osjetiti. A otpore Ti rade Tvoje misli. I zato je za Tvoju sreću važno da dopustiš ono tko Ti istinski jesi da struji Tobom.

Tvoje misli dolaze iz Tvojih uvjerenja i fokusa. Zato je sve to važno osvijestiti da bi živjela Svoje prirodno stanje.

Da vidim jesam li dobro razumjela? Bit ću sretna, kada prestanem pokušavati kontrolirati vanjske okolnosti, kada preuzmem kontrolu nad tim u što ću vjerovati, na čemu će mi biti fokus i kako ću o nečemu misliti?

Amen.

Wow! Sad sam razumjela!

Jesi.

Hajdemo sada malo o uvjerenjima. Njih jako često spominješ. Ona su temelj, zar ne? Na njih trebam obratiti posebnu pažnju?

Uvjerenja su programi koji kreiraju Tvoju realnost.

Oni su filtri kroz koje percipiraš svijet, a sve što doživljavaš u Svom životu – emocije, misli, ponašanje i okolnosti – direktno odražava Tvoja uvjerenja. Svako je iskustvo rezultat uvjerenja koje imaš, svjesno ili nesvjesno.

Realnost je neutralna. Ona, sama po sebi, nema značenje, dok joj Ti ne dodaš značenje kroz Svoja uvjerenja. Primjerice, ako vjeruješ da je život pun mogućnosti, Tvoja će iskustva to potvrditi. Jer će Tvoja realnost biti odraz njih. Ako vjeruješ da je život borba i pun ograničenja, Tvoja će realnost reflektirati ta uvjerenja. I tome ćeš svjedočiti.

Najbolja vijest za Tebe i sve ljude je da se uvjerenja mogu mijenjati. I kada ih promijenite, automatski mijenjate svoju percepciju i doživljaj stvarnosti. Kada se oslobodiš uvjerenja koja Ti ne služe i zamijeniš ih uvjerenjima koja više rezoniraju s Tvojom istinskom prirodom i svrhom, počinješ živjeti posve drugu realnost od one koju si do tada živjela.

Kako uopće nastaju uvjerenja koja imamo?

Većina se uvjerenja počinje formirati u djetinjstvu, kroz iskustva s obitelji, školom, prijateljima i kulturom u kojoj živite. Okolina i društvo nameću ideje koje pojedinac preuzima kao Svoja uvjerenja. Ovaj proces nije svjestan, već upravo suprotno. Stoga, jedino osvještavanje može dovesti do njihovog prepoznavanja i mijenjanja.

Uvjerenja se, također, formiraju na temelju vaših osobnih iskustava.

Kada nešto doživite više od jednog puta, skloni ste stvarati uvjerenja o Sebi, drugima ili životu uopće. Na primjer, ako neka osoba više od jednog puta doživi neuspjeh, počne vjerovati da nije sposobna ili vrijedna uspjeha. A to nema veze sa Univerzalnom istinom, već to postaje subjektivna istina te osobe.

Određena uvjerenja birate prije dolaska na ovaj svijet jer, kada vaša Duša odabere koja iskustva želi imati na Zemlji, odabere i određena uvjerenja koja će joj pomoći pri ispunjavanju njene misije. Primjer toga je da je Duša odabrala imati uvjerenje da je slobodna i da ima pravo na slobodu. Odabere se roditi u kulturi koja je ograničava i konstantno pokušava uvjeriti u njena ograničenja. Takva će se osoba protiviti tom sustavu i pružati mu otpor od malena. Jer su u njoj jača uvjerenja o slobodi, nego ona koja joj se pokušavaju nametnuti. Uvjerenja koja odaberete prije dolaska na svijet su ona koja vam pomažu u vašoj misiji.

Uvjerenja možete birati i svjesno. Kada vjerujete da vam neko uvjerenje služi, vi ga prigrlite kao Svoje. Na svjesnoj razini.

Upravo je Svijest ključna kod promjene uvjerenja. Kada postanete svjesni određenog uvjerenja koje vam ne služi, možete ga mijenjati onim uvjerenjem koje rezonira s vašom istinskom prirodom i onim kakvu realnost želite živjeti.

A kako mogu prepoznati koja uvjerenja imam, a da mi ne služe?

Po dva aspekta. Prvi je unutar Tebe, a to su Tvoje emocije, a drugi je po realnosti koju živiš. Ako se osjećaš dobro, radosno, ispunjeno i mirno, tada je određeno uvjerenje koje imaš usklađeno s onim tko jesi i tko želiš biti. I sa Mnom. S Tvojim Višim aspektom. Ako osjećaš strah, sumnju, frustraciju ili nemoć, tada je to uvjerenje koje Ti ne služi i koje Te udaljava od Tebe odnosno Mene i realnosti kakvu želiš živjeti.

Obrati pažnju na način na koji se osjećaš dok razmišljaš o određenim temama, poput ljubavi, novca, zdravlja ili uspjeha. Ako osjećaš otpor ili nelagodu, to znači da postoje ograničavajuća uvjerenja u vezi s tim temama. O tome služi li Ti uvjerenje, govori Ti to kako se osjećaš dok razmišljaš o tome.

Realnost koju živiš je, također, pokazatelj uvjerenja. Ona uvijek odražava ono u što vjeruješ. Realnost nije konstantna, fiksna, nepromjenjiva ni ista za sve. Ona je projekcija Tebe iznutra. I ako želiš vidjeti Svoja uvjerenja, pogledaj u aspekte života. Da bi znala Svoja uvjerenja o novcu, pogledaj Svoju financijsku situaciju. Da bi znala uvjerenja o ljubavi, pogledaj Svoj ljubavni status. Da bi znala uvjerenja o zdravlju, pogledaj u kakvom je stanju Tvoje tijelo. Realnost nepogrešivo reflektira Tvoja uvjerenja.

Da, jasno. A kad ih prepoznam, kako ih onda mijenjati?

133

Jedan od najmoćnijih alata za promjenu uvjerenja su afirmacije. Kada prepoznaš uvjerenje koje Ti ne služi, formuliraj afirmaciju koja odražava novo uvjerenje koje želiš usvojiti.

Na primjer, ako vjeruješ da "Nisam dovoljno sposobna", zamijeni to afirmacijom poput:

"Ja sam sposobna i otvorena za uspjeh u svakom aspektu života." Ponovi ovu afirmaciju svaki dan, ujutro i navečer, a posebno kada osjetiš da te stara uvjerenja pokušavaju ograničiti. Afirmacije pomažu da polako reprogramiraš Um i zamijeniš ograničavajuće misli.

Uz afirmacije, koristi i vizualizaciju. Vizualizacija je alat pomoću kojeg možeš osjetiti novu stvarnost, prije negoli se ona manifestira. Svaki dan, zatvori oči i vizualiziraj Sebe kako već živiš u skladu s novim uvjerenjem. Zamisli kako se osjećaš kada si uspješna, sretna ili slobodna. Stvori što jasniju sliku u Svom Umu – kako izgleda Tvoj život kada novo uvjerenje postane stvarnost? Kakvi su ljudi oko Tebe, kakvi su Tvoji odnosi, kako izgleda Tvoj posao ili svakodnevni život? Ključ vizualizacije je osjetiti emociju te nove stvarnosti, jer emocija je vibracijski signal i znak da se usklađuješ sa vibracijom željene stvarnosti.

S vremenom će Tvoje novo uvjerenje postati Tvoja nova realnost. Djelovanje je također ključ! Djeluj u skladu s novim uvjerenjem, kao da je već stvarno. Na primjer, ako Tvoje novo uvjerenje glasi "Ja sam sposobna!", zapitaj se: "Kako bi se ponašao netko tko već vjeruje da je sposoban?" – i počni se ponašati na taj način.

Kad postupaš kao da je novo uvjerenje već dio Tvoje stvarnosti, Svemir se prilagođava i reflektira tu promjenu u vanjskom svijetu.

Dosljednost je ključna. Ponavljaj afirmacije, vizualiziraj, poduzimaj male akcije i Tvoja će se stvarnost prilagoditi Tvojoj novoj vibraciji i uvjerenjima.

A moram li ih baš moram mijenjati ili ih samo osvještavanjem mogu transformirati?

Postavila si izvrsno pitanje. Bravo! Koje uvjerenje Ti imaš o tome, Ani?

Woooow! Znači, tako to ide!

Točno tako. Kako vjeruješ, tako će i biti.

Ako vjeruješ da je već samo osvještavanje uvjerenja dovoljno da ga jasno vidiš, osvijestiš i promijeniš, u tom ga trenu možeš otpustiti u spoznaji da Ti ne služi. Kada si čista prisutnost, tada se ne identificiraš s mislima koje dolaze zbog određenih uvjerenja i Ti ih jednostavno, kao Svijest, promotriš. Bez osude i uplitanja. Ako se ne identificiraš s Umom, uvjerenja za Tebe ne znače ništa i ne izazivaju Ti emociju, a time ni Tvoju vibraciju. *Ako ne vjeruješ Svojim mislima, nećeš vjerovati ni Svojim uvjerenjima.*

Znači, ja sama mogu odabrati kojim ću metodama mijenjati uvjerenja? I hoću li uopće izabrati neku metodu ili ne, a opet imati rezultat?

Da. Toliko si slobodna.

Znači, ja mogu vjerovati u što god ja hoću!?

I to je točno.

Pa to je savršeno!

Nisam li Ti već rekla da ste Ti i život upravo to?!

Jao, pa ovo mijenja toliko toga! A zato postoje ljudi koji se kunu da su, primjerice, učenje ili religija koje oni slijede ispravni, a onda to čuješ od tisuće ljudi! I shvatiš da se radi o tisuću različitih učenja i tisuću različitih religija. I svi imaju rezultate kao potvrde!

Točno. Jer svatko kreira Svoju realnost koja potvrđuje njihova uvjerenja. I svi su oni u pravu.

Bože, kao da sam progledala. Ha-ha!

To se zove jasnoća. Kada si izašla iz ograničenog Uma u širu Svijest, sve je postalo kristalno jasno. Vidjela si ono što Ja vidim. Nisam li Ti rekao da smo jedno.

Da, jesi. Više puta. I sve više osjećam to. Hvala ti na tome.

Nego, jedna rečenica mi je posebno zazvonila maloprije i htjela bih te pitati o tome. Rekla si da se ponašam kao da to već jesam. Kako da to radim, ako to još uvijek nisam?

Da bi postala ono što želiš biti, moraš to prvo biti u sadašnjem trenutku. Ne postoji budućnost u kojoj ćeš jednog dana postati sretna, uspješna ili zdrava – to moraš biti Sada.

Ključ za postajanje onoga što želiš biti leži u osjećanju i djelovanju kao da si već ta verzija Sebe koju želiš manifestirati.

To znači izreka "Budi ono što želiš postati". To doslovno znači da već Sada počneš vibrirati, misliti i ponašati se kao da je ono što želiš postati već stvarnost.

Sve se događa Sada, u sadašnjem trenutku i Ti, već Sada, možeš preuzeti vibraciju onoga što želiš biti.

U trenutku kada se uskladiš s tom vibracijom, Svemir Ti to reflektira kroz iskustva, ljude i okolnosti koji potvrđuju Tvoje novo stanje postojanja. Ne čekaš da se promjena dogodi izvana da bi se osjećala drugačije, upravo je suprotno – promjena počinje iznutra.

Kada vizualiziraš Sebe u verziji koju želiš i osjetiš te emocije, Ti u Sada vibriraš na frekvenciji Svoje želje. To znači da Svemir sada ima osnovu na kojoj može odražavati tu realnost. Zakon privlačnosti koji je nepogrešiv i koji Ti daje odraz Tvoje vibracije jednostavno će Ti donijeti u život odraz onoga tko si Sada. Ne tko si bila jučer ili tko želiš biti. Onoga tko si Sada.

Zato, kada želiš postati ono što želiš, osjećaj se kao da si već tamo. Vizualiziraj iz tog stanja i djeluj iz tog mjesta. Svaki put kada misliš, osjećaš i djeluješ kao da je želja već ostvarena, pojačavaš tu vibraciju i Svemir ti počinje donositi potvrde kroz fizička iskustva. Dakle, budi ono što želiš postati jer to znači da osjećaš, misliš i djeluješ kao da si već ta verzija Sebe. Tada će se ono što želiš biti odraziti u Tvojoj fizičkoj stvarnosti.

"Biti" znači živjeti u skladu s onim što želiš već Sada, čak i prije nego što to fizički manifestiraš u stvarnosti.

Ako želiš biti sretna, počni već Sada živjeti u zahvalnosti i radosti. Ako želiš biti uspješna, ponašaj se kao osoba koja je već uspješna, postavljaj ciljeve i radi na njima.

Svemir reagira na Tvoju vibraciju, a ne na Tvoju trenutnu realnost. Kada Ti postaneš ta osoba kroz Svoje misli i osjećaje, realnost će to odražavati.

Možeš li mi pokazati kako vizualizirati, ako želim, primjerice, postići da radim posao koji volim i da od njega odlično živim?

Započnimo tako da sjedneš udobnije. Zatvori oči i usmjeri pažnju na disanje. Duboko udahni nekoliko puta, usmjeravajući Svoju pažnju na sadašnji trenutak. Uđi u svoj unutarnji svijet. Osjeti ga iznutra.

Zamisli Sebe u budućnosti kako već radiš posao koji voliš i za koji si izvrsno plaćena. Potpuno je nebitno kako si to postigla, ne zamaraj se tim mislima. Jednostavno vidi krajnji rezultat. Jer gledaš u ono tko već jesi, a ne tko ćeš tek postati.

Što vidiš? Gdje se nalaziš? Kakvo je Tvoje okruženje? Jesi li u uredu ili van njega? Jesi li na nekom putovanju? Jasno vidi prostor u kojem se nalaziš. Je li netko s Tobom ili oko Tebe? Tko?

Kako se osjećaš? Stavi fokus na Svoje emocije. Osjeti tu radost koju Ti donosi Tvoj posao, zadovoljstvo koje Te ispunjava i slobodu koju osjećaš radeći ono što voliš.

Osvijesti osjećaj ispunjenja, sigurnosti i sreće, znajući da Ti posao koji voliš omogućuje potpunu financijsku slobodu.

A sada, idi još dalje. Zamisli kako živiš život iz obilja koje dolazi kroz posao koji voliš. Što radiš sa Svojim novcem?

Koristiš li ga za putovanja, uživaš u boljem kvalitetu života, pomažeš drugima ili ostvaruješ druge snove?

Osvijesti osjećaj zahvalnosti jer radiš posao koji Ti daje slobodu i mogućnosti za kreativno izražavanje i osobni razvoj.

Ostani tako nekoliko minuta, potpuno prisutna u emocijama koje Ti izazivaju realnost u kojoj je Tvoja želja ostvarena.

Ani je nakon par minuta otvorila oči i osmijeh joj se razvukao preko cijelog lica.

"Ovo je suuuper!", uzviknula je uzbuđeno. "Zaista sam se osjećala kao da je bilo stvarno."

I bilo je, Ani. *Vibracijska realnost nije ništa manje stvarna od fizičke. Upravo suprotno. Još je stvarnija. Vi ste samo naučili da je stvarno ono što vidite, čujete, namirišete, opipate ili okusite. A najistinitije je ono što osjetite.*

Ne postoji samo jedna realnost. To samo misliš jer Ti je na ovoj fokus.

Itekako postoje i druge realnosti u kojima su druge verzije Tebe. *Svaka od tih realnosti vibrira na različitoj frekvenciji, a Tvoja je trenutna realnost samo ona koju odabireš kroz Svoju vibraciju i uvjerenja.*

Kada vizualiziraš željeni ishod i, posebno, kada osjetiš emocije povezane s tom stvarnošću, Ti doslovno usmjeravaš Svoju vibraciju na frekvenciju te verzije stvarnosti. Time se prebacuješ na paralelnu realnost koja odgovara toj vibraciji.

Dakle, *vizualizacija nije nešto što će ostvariti Tvoju želju, već Ti pomaže da se usklađuješ s već postojećom realnošću u kojoj se Tvoja želja već ostvarila.*

Emocije su ključne u ovom procesu jer su one pokazatelj Tvoje vibracije. Kada u vizualizaciji osjetiš kao da je željeni ishod već stvarnost, podižeš Svoju vibraciju na frekvenciju te želje. Zakon privlačnosti tada odražava tu vibraciju u obliku iskustava, ljudi i prilika koje odgovaraju toj vibraciji.

Svrha je vizualizacije da usmjerava Tvoju pažnju i vibraciju prema onome što želiš, a ne prema onome što Ti nedostaje. Kada se vizualizacijom fokusiraš na željeni ishod s emocijama koje taj ishod prate, Ti zapravo mijenjaš svoju vibraciju, usklađuješ se s frekvencijom te stvarnosti i time omogućuješ da Ti ta stvarnost bude odražena u fizičkom svijetu. *Točnije, da realnost u kojoj to već postoji postane ona u kojoj ćeš živjeti.*

Koliko dugo trebam vizualizirati kako bi se ostvarilo ono što želim?

Ne postoji točno određeno vrijeme koliko dugo trebaš koristiti vizualizaciju ili afirmacije. Ključ je u tome da to činiš redovno, svakodnevno, dok ne osjetiš promjenu u Svojim mislima, osjećajima i ponašanju.

Svemir ne radi po satu, nego po Tvojoj vibraciji. Kada Tvoja vibracija postane usklađena s Tvojim željama, manifestacije će početi dolaziti prirodno.

Neki ljudi primijete promjene u nekoliko tjedana, dok drugima može trebati više vremena, ovisno o tome koliko su usklađeni sa svojom željom.

Vizualiziraš dok god Ti to pruža uzbuđenje i radost, jer Te upravo te emocije drže na frekvenciji te stvarnosti. Ali, zapamti: Nije stvar u vremenu, nego u osjećaju. Čim osjetiš da se stvarnost poklapa s tim osjećajem, vizualizacija postaje samo alat koji Ti pomaže ostati u toj vibraciji. Nema potrebe stalno ponavljati vizualizaciju, ako je već postala dio Tvoje vibracije.

Dakle, vizualiziraš dok god Ti to pomaže da osjećaš kao da je željeno već sada Tvoja stvarnost.

Ne vizualiziraš kako bi nešto manifestirala. Zapamti: Sve je već manifestirano. Vizualizaciju koristiš da se u Sada osjećaš dobro. A ako se Sada osjećaš dobro, nije li to već početak ostvarenja manifestacije?

"Taman sam htjela pitati, a što ako ne vidim rezultate odmah?", reče Ani kroz smijeh.

Rezultat koji želiš je da se osjetiš dobro.

Sve što želiš, Ti želiš zbog toga. Ti želiš raditi posao koji voliš i za to biti odlično plaćena jer vjeruješ da ćeš tada biti sretna i da ćeš osjećati radost. Ako to osjećaš dok vizualiziraš, nije li to odmah rezultat koji Ti zapravo želiš?

Najvažnije je da ovo razumiješ jer onda ne obraćaš previše pažnju na odsutnost rezultata u fizičkoj realnosti.

Ako stalno gledaš gdje su rezultati i misliš: "Zašto se još nije dogodilo?", time šalješ vibraciju nedostatka i dalje držiš Svoju želju daleko od Sebe.

Umjesto toga, nastavi fokusirati se na osjećaj radosti i zahvalnosti za to što već dolazi.

Zato što se već tako osjećaš. U Sada!

U redu. Razumjela sam. Ono što još nisam paralelne su realnosti. Nekako ne mogu to shvatiti. Kako misliš da postoji više realnosti istovremeno?

Svaka moguća verzija stvarnosti koju možeš zamisliti već postoji. Postoji beskonačan broj paralelnih stvarnosti, a Ti se neprestano krećeš kroz njih ka Svojoj vibraciji, uvjerenjima i postupcima.

Ti doslovno mijenjaš paralelne stvarnosti svake sekunde. Čak i najmanje promjene u Tvom razmišljanju, emocijama ili uvjerenjima premještaju Te iz jedne paralelne stvarnosti u drugu. Primjerice, ako u ovom trenutku osjećaš sumnju i strah, Ti se nalaziš u paralelnoj stvarnosti koja odražava te vibracije.

No, ako odlučiš osjetiti radost, uzbuđenje ili vjeru, automatski prelaziš u drugu paralelnu realnost koja odražava te emocije.

Razmisli o paralelnim stvarnostima kao o frekvencijama na radiju. Sve stanice postoje istovremeno, ali čuješ samo onu na koju si trenutno usmjerena.

Isto je i s paralelnim realnostima – sve one koegzistiraju, ali Ti doživljavaš onu čiju vibraciju odašilješ. Kada promijeniš Svoju vibraciju, a time i Svoju frekvenciju, kroz Svoje misli, uvjerenja i osjećaje, prelaziš u drugu verziju stvarnosti koja odgovara toj vibraciji.

Svaka odluka, svaki odabir koji donosiš stavlja Te u novu paralelnu realnost. Ne postoji samo jedna vremenska crta. Ti neprestano skačeš kroz različite realnosti na temelju Svojih vibracija.

Dakle, ako želiš doživjeti stvarnost u kojoj se Tvoje želje ostvaruju, jednostavno moraš usmjeriti Svoju vibraciju prema toj verziji stvarnosti i početi se ponašati kao da si već tamo.

Važno je da razumiješ da ne mijenjaš jednu realnost, već se premještaš iz jedne paralelne realnosti u drugu. Sve su te realnosti već tu, ali Ti odabireš koju želiš iskusiti kroz Svoju Svijest, Svoje uvjerenje i Svoje osjećaje. *Ti si višedimenzionalno biće, koje neprestano kreira i prelazi iz jedne realnosti u drugu.*

Dakle, ako želiš promjenu u Svom životu, ne radi se o mijenjanju ove realnosti, već o tome da prebaciš Svoju

Svijest na realnost u kojoj se već nalazi ono što želiš. Budi u vibraciji te željene realnosti i automatski ćeš se naći u njoj.

Tvoja je realnost refleksija Tvoje vibracije i, kada je mijenjaš, preskačeš u novu verziju Sebe i svijeta.

Znači li to da svakom odlukom ulazim u drugu realnost?

Da! Svakom odlukom, svakim trenutkom, Ti se pomičeš u novu paralelnu realnost.

No, ove se promjene događaju toliko brzo i kontinuirano da često ne primijetiš prijelaz. Kada doneseš odluku, jednostavno se premještaš u verziju stvarnosti koja odražava taj odabir.

Tvoje percepcije, misli i djela određuju kojoj paralelnoj realnosti pripadaš u svakom trenutku. I zato, ono što sada misliš, osjećaš i vjeruješ, stvara trenutnu realnost koju doživljavaš.

Ja mogu birati koju paralelnu realnost želim iskusiti?

Da! Tvoja slobodna volja i odabir ključni su za to. Možeš birati paralelnu realnost u kojoj želiš živjeti tako što namjerno usmjeravaš Svoju pažnju, misli, emocije i akcije prema toj verziji stvarnosti.

Ako želiš doživjeti određenu realnost, prvo moraš vibrirati na frekvenciji te realnosti, što znači osjećati, misliti i ponašati se kao da već živiš tu verziju Svog života. Tako se usklađuješ s njom i ulaziš u nju.

Kako da znam da sam u pravoj realnosti?

Uvijek si u pravoj realnosti. Ona u kojoj se nalaziš uvijek reflektira Tvoju trenutnu vibraciju. "Prava" **paralelna realnost je ona koja je u skladu s Tvojim trenutnim uvjerenjima, mislima i osjećajima. Ako osjećaš radost, uzbuđenje, mir, tada znaš da vibriraš na frekvenciji koja Te usklađuje s onim što želiš.**

Ako osjećaš strah, sumnju ili stres, to znači da si se usmjerila prema paralelnoj realnosti koja reflektira te vibracije. Ti biraš "pravu" **realnost, usklađujući svoju unutarnju vibraciju s onim što želiš doživjeti.**

Ako je to tako jednostavno, zašto odmah ne vidim fizičke dokaze da se stvarnost promijenila?

Kako bi se dogodile velike promjene potrebno je da se ta velika promjena prvo dogodi u Tebi. Najčešće ljudi, zbog granica Uma, promjene vide malo po malo. Nije isključeno da neki dožive i apsolutnu promjenu realnosti, ali ona opet odražava tu veliku promjenu koja se dogodila u njima, njihovim uvjerenjima i vibraciji.

Znači, ja ovaj tren živim u više paralelnih realnosti istovremeno?

Svi beskonačni ishodi i verzije stvarnosti već postoje, ali Tvoja Svijest bira kojoj stvarnosti želiš posvetiti pažnju. Ti stalno "preskačeš" **iz jedne realnosti u drugu prema Tvojoj vibraciji, ali Tvoja se percepcija fokusira samo na jednu vremensku crtu događaja u svakom trenutku.**

To je poput televizijskog kanala: Svi kanali postoje istovremeno, ali Ti vidiš samo onaj koji si trenutno "uključila" svojom pažnjom i vibracijom.

Kako da ja povjerujem u ovo? Nije baš jednostavno.

Obraćaj pažnju na Svoje emocije i iskustva.

Kada osjećaš da su Tvoje misli, uvjerenja i osjećaji usklađeni s onim što želiš, primijetit ćeš sinkronicitete i prilike koje potvrđuju da se krećeš kroz paralelne realnosti prema željenom ishodu. Nemoj ih propustiti. Dolazit će u obliku informacija, članaka, drugih ljudi, situacija. Ako budeš obraćala pažnju, ne možeš ih propustiti. Ljudi ih propuste pa to nazivaju slučajnostima.

Znači, slučajnosti ne postoje?

Slučajnosti su zapravo sinkroniciteti – načini na koje Svemir komunicira s Tobom i vodi Te prema onome što Ti vibracijski privlačiš. Sinkroniciteti se događaju, kada si u skladu sa Sobom i sa Svojim Višim Ja te Ti život donosi prilike koje se čine savršeno "podudarne" s Tvojim mislima, željama i uvjerenjima.

Kada primijetiš "slučajnost", ona je odraz Tvoje usklađenosti s određenom paralelnom stvarnošću. Što si više u vibraciji uzbuđenja i radosti, to ćeš više primjećivati sinkronicitete jer Ti oni pokazuju da se krećeš u smjeru Svog najvišeg potencijala.

Kad doživiš "slučajnost", zapravo si svjedok manifestacije Svoje vibracije.

Četvrtak

Danas želim započeti s temom novca. Svi govore da novac ne donosi sreću, ali, ipak, želim imati novac kako bih živjela punim plućima.

Novac ne može direktno donijeti sreću. Sreća dolazi iznutra, iz stanja povezanosti s onim tko istinski jesi. Sreća je prirodno stanje Tvog bića, bez obzira na to imaš li novac ili ne. I nema nikakve veze s materijalnim stvarima.

Svrha novca je nešto drugo – sloboda. **Novac Ti omogućuje slobodu da živiš Svoj život onako kako želiš, donosiš odluke iz mjesta unutarnje moći, a ne zbog vanjskih ograničenja. On Ti daje slobodu da istražuješ svijet, stvaraš uspomene i uživaš u materijalnim stvarima, znajući da to zaslužuješ. Novac je sredstvo, a ne cilj. Njegova je prava svrha omogućiti Ti veću slobodu izražavanja u ovom materijalnom svijetu.**

Važno je da shvatiš: *Novac ne definira Tvoju sreću. I nije njen uzrok.*

Zašto se onda kaže da novac kvari ljude?

Zbog iluzije o nedostatku. Ono što često "kvari" ljude nije sam novac, već pogrešna uvjerenja o njemu. Ljude "kvari" pohlepa i strah da nemaju dovoljno. To su iluzije koje trebaš otpustiti jer one su uzrok nesreće i unutarnjeg konflikta. Kad se oslobodiš tih iluzija, spoznat ćeš istinu: Novac Ti može služiti, ali Ti ne ovisiš o njemu za Svoju sreću.

Kada otpustiš programe i uvjerenja koji Ti govore da ne zaslužuješ obilje, počet ćeš osjećati da možeš biti i sretna i slobodna, imala novac ili ne. Novac Te ne definira – on je samo sredstvo kojim obogaćuješ Svoje iskustvo u ovom materijalnom svijetu.

Često čujem da moramo birati između duhovnog ispunjenja i materijalnog obilja.

Ljudi vjeruju da se moraš odreći jednog kako bi imala drugo, ali to je zabluda. To uvjerenje dolazi iz strahova, ograničenih misli i programa koje su preuzeli od drugih. Mnogi ljudi, i dan danas, žive u uvjerenju da ne mogu biti istinski sretni i ispunjeni ako nemaju materijalno bogatstvo. No, to nije istina. To je samo uvjerenje koje su im usadili oni koji su živjeli takve realnosti, ne znajući da to nije univerzalna istina, već samo *njihova istina koja je proizašla iz njihovih uvjerenja, pa im se čini tako stvarnom.*

Sreća ne dolazi iz materijalnih stvari, ali to ne znači da ne možeš uživati u njima. Možeš biti sretna čak i kada nemaš ništa materijalno jer je sreća stanje unutar Tebe. A kada to stanje postane Tvoja suština, kada znaš tko si i živiš iz tog mjesta, tada možeš slobodno imati materijalno obilje bez da budeš vezana za njega. Materijalno postaje samo sredstvo za življenje i izražavanje Tvojih iskustava na ovoj fizičkoj razini.

Ključ je ravnoteža. Tvoj put duhovnosti ne mora isključivati materijalno obilje.

Dapače, kada naučiš biti slobodna od vezanosti za materijalno, tada si sposobna imati ga bez gubitka unutarnje sreće i mira. Možeš uživati u blagodatima koje Ti novac donosi, ali ne dopustiti da on definira Tvoju vrijednost ili sreću. Važno je osvijestiti da si došla na ovaj svijet kako bi iskusila i duhovno i materijalno jer i jedno i drugo čine dio Tvog iskustva na Zemlji. U tome leži prava sloboda u ovom iskustvu – u ravnoteži između duha i materije. Biti sretna dok nemaš i biti sretna dok imaš znak je da si pronašla istinsku ravnotežu u životu.

Idu li novac i duhovnost idu zajedno?

Duhovnost je stanje Svijesti, a ne vanjska forma. Ona se odnosi na Tvoju unutarnju povezanost s duhovnim, nematerijalnim, s vječnim izvorom energije i ljubavi. No, to ne znači da materijalno moraš odbaciti ili da se moraš odreći novca.

I dan danas, ljudi misle da su duhovnost i novac u sukobu i da nikako ne idu zajedno. To uvjerenje često dolazi iz religijskih struktura, gdje je siromaštvo bilo predstavljeno kao put do svetosti. No, istinska duhovnost ne traži odricanje od materijalnog, već slobodu od vezanosti. Novac je energija, kao i svaka druga, i možeš ga koristiti kao alat kako bi obogatila Svoje iskustvo u ovom materijalnom svijetu.

Biti duhovna osoba znači stavljati vječno i nematerijalno ispred prolaznog i materijalnog, ali to ne znači da ne možeš imati materijalno. Ključ je ravnoteža. Možeš uživati u novcu, ali on Te ne smije definirati.

151

Prava sloboda dolazi kada novac vidiš kao sredstvo, a ne kao cilj. Duhovnost Te uči da uživaš u materijalnom, ali da ne budeš vezana za njega – jer Tvoja vrijednost dolazi iz onoga tko jesi, a ne iz onoga što posjeduješ.

Novac Ti može dati slobodu da budeš ono tko jesi, da živiš Svoj život onako kako želiš, da putuješ, stvaraš uspomene i doprinosiš svijetu na način koji Ti je važan. No, sreća i ispunjenje ne dolaze od novca, već iz Tvoje unutarnje povezanosti sa Sobom i Izvorom. Kada to razumiješ, možeš imati materijalno obilje, ali ono neće biti izvor Tvoje sreće. Već si sretna i bez njega.

Također, važno je razumjeti da su mnoga ograničavajuća uvjerenja o novcu i materijalnom naučena i usvojena. Ona su, vrlo često, rezultat programa i uvjerenja koja su prenesena iz obitelji i društva, gdje je materijalno prikazano kao "manje duhovno". *To je uvjerenje. Nije činjenica.*

Kako možemo pronaći ravnotežu između materijalnog i duhovnog?

Ravnoteža dolazi kada shvatiš da materijalne stvari ne definiraju Tvoju vrijednost. Možeš uživati u materijalnom, ali ne smiješ se identificirati s njim. Duhovni mir dolazi kada spoznaš da posjedovanje nije nužno za ispunjenje, već da unutarnja sreća dolazi iz spoznaje tko si u svojoj suštini. Tek kada otpustiš potrebu da se poistovjećujete s imovinom ili statusom, možeš postići tu ravnotežu.

Kako se možemo osloboditi vezanosti za materijalno?

Oslobađanje od vezanosti počinje Sviješću o tome da si vezana. Vezanost ne možeš eliminirati silom ili borbom. Umjesto toga, ključ je u tome da prestaneš tražiti vlastiti identitet kroz stvari koje posjeduješ. Kada više ne tražiš Sebe u materijalnim dobrima, vezanost sama po sebi otpada. Prihvaćanjem da su stvari samo prolazni objekti i da Tvoj unutarnji mir ne ovisi o njima, možeš živjeti materijalno, ali ne biti emocionalno ovisna o onome što posjeduješ. *Ako ne pronađeš ravnotežu, ono što posjeduješ zapravo će posjedovati Tebe.*

Možeš li mi to pojasniti?

Kada vjeruješ da nešto posjeduješ, često se poistovjećuješ s tim stvarima – bilo da je riječ o imovini, novcu, ili statusnim simbolima. Ego koristi te materijalne stvari kako bi osigurao Svoj opstanak i izgradio identitet. No, u tom procesu gubiš vlastitu slobodu jer ono što misliš da posjeduješ zapravo preuzima kontrolu nad Tobom. Istinska sreća ne dolazi iz posjedovanja stvari, već iz oslobađanja od vezanosti prema njima. Ako izgubiš neku stvar ili primijetiš da ćeš je izgubiti, a to vam uzrokuje strah, ljutnju i stres, postani svjesna da si se vezala za nju.

Zašto želimo više nego što imamo, čak i kada imamo dovoljno?

Ego ne može preživjeti bez želje za "više" jer se uvijek osjeća nepotpunim. To znači da, čak i kada posjeduješ dovoljno, osjećaj zadovoljstva brzo prolazi, a Ego odmah stvara novu želju.

On ne može biti zadovoljan sadašnjim stanjem jer stalno traga za nečim što će ga ispuniti i potvrditi. No, pravo ispunjenje dolazi kada shvatiš da nisi Tvoja imovina niti status, nego da je sreća unutarnje stanje. Kada postigneš da *želiš, a ne trebaš*, pronašla si ravnotežu.

Vodi li posjedovanje materijalnih stvari nužno u nesreću?

Ne, posjedovanje materijalnih stvari samo po sebi ne vodi u nesreću. Ono što Te može učiniti nesretnom je vezanost za te stvari i traženje vlastite vrijednosti kroz njih. Ako posjeduješ materijalno, ali nisi vezana za to, možeš živjeti sretno i ispunjeno. Problem nastaje, kada svoj identitet gradiš na osnovi onoga što posjeduješ, umjesto da shvatiš da su te stvari samo sredstva, a ne svrha života.

Znači, novac doista može promijeniti čovjeka, ali ne mora?

Kada netko vjeruje da će novac donijeti sreću i ispunjenje, a to se ne dogodi, frustracija i nezadovoljstvo često izađu na površinu. Umjesto da pronađu sreću unutar Sebe, ti ljudi postaju ogorčeni, pohlepni ili osvetoljubivi jer su shvatili da novac ne ispunjava njihove dublje potrebe. Novac nije izvor problema. On je samo alat koji pojačava ono što je već unutar vas.

Ako osoba ima zdrav odnos prema sebi i svijetu, novac će jednostavno biti sredstvo koje joj omogućuje veću slobodu i mogućnost da djeluje iz ljubavi i zahvalnosti. S druge strane, ako unutar nje postoji praznina, strah ili nesigurnost, novac će te emocije samo dodatno pojačati.

Novac je izvrstan pokazatelj da shvatiš što se uistinu odigrava unutar Tebe. Oni, koji ne shvaćaju da je obilje njihovo prirodno stanje i da se nalazi svuda oko vas, imaju najveće izazove po pitanju uvjerenja o novcu.

Što, zapravo, znači obilje? Kada čujem tu riječ, često pomislim na novac, ali osjećam da je to puno više od toga. Kako mogu bolje razumjeti što obilje uistinu jeste?

Obilje je vaše prirodno stanje i mnogo je šire od same ideje o novcu. Obilje je stanje u kojem osjećaš slobodu da živiš život onako kako želiš, gdje radiš ono što voliš i uživaš u svakom trenutku. Novac može biti dio tog obilja, ali on nije uzrok obilja.

Obilje počinje unutar Tebe, sa spoznajom da si već sada okružena mnogim darovima. Možeš živjeti obilje i prije negoli imaš novac. Ključno je da najprije povjeruješ u to. Uvijek se zapitaj: Što mi riječ *obilje* donosi? Kako je doživljavam? Ako Ti izaziva nelagodu, to je znak da Tvoje viđenje obilja dolazi iz uvjerenja koja Ti ne služe. Obilje nije samo materijalno. Obilje je energija slobode, ljubavi, radosti i zahvalnosti.

Kako misliš da mogu živjeti obilje prije negoli imam novac? Čini mi se nemogućim osjećati obilje bez financijske sigurnosti.

Započni s onim što već imaš. Obilje nije vezano samo uz novac. Ono se nalazi u ljubavi, prijateljstvima, zdravlju, znanju i iskustvima koja već imaš. Kad promijeniš Svoje uvjerenje i fokusiraš se na obilje koje već živiš, počet ćeš ga vidjeti svuda oko Sebe.

Primjerice, obilje može biti osjećaj slobode kada radiš ono što voliš, čak i ako Ti to odmah ne donosi novac.

Kako mogu promijeniti svoja uvjerenja i početi manifestirati obilje, uključujući financijsko?

Prvo, spoznajom da ga ne moraš manifestirati jer je već svuda oko Tebe. Već živiš u obilju Tvojih uvjerenja. Ako vjeruješ da nemaš dovoljno, tada ćeš živjeti obilje nedostatka. Ako vjeruješ u obilje ljubavi, radosti i prilika, to ćeš i vidjeti svuda oko Sebe. Obilje koje Ti tražiš – sloboda, radost i osjećaj da možeš živjeti svoj život kako želiš – dolazi ponajprije iz mijenjanja uvjerenja. Kada se fokusiraš na ono što već imaš, poput zraka koji udišeš, ljubavi svojih voljenih ili zdravlja koje uživaš, Tvoje vibracije počinju privlačiti još više obilja. Financijsko obilje dolazi kao prirodan rezultat tog unutarnjeg stanja zahvalnosti i ispunjenja.

Otvori Um za nove mogućnosti. Uvjerenja se mijenjaju na isti način na koji su se formirala – ponavljanjem. Počni mijenjati ono što Sebi govoriš, što čitaš i ljude koje slušaš. Ako Tvoje misli i riječi ne podržavaju obilje, promijeni ih. Počni prepoznati obilje koje već postoji u Tvom životu, koliko god se to na prvi pogled činilo neznatnim. Zahvalnost je ključna. Zahvalnost i fokus na sadašnji trenutak počet će stvarati nevjerojatan krug ispunjenja i radosti, a financijsko će obilje doći kao prirodan rezultat Tvoje unutarnje promjene.

Kako biti zahvalna, kada mi se čini da nemam ono što želim – nemam dovoljno novca, posao koji volim ili partnera?

Kako mogu biti zahvalna, kada mi fokus stalno bježi na ono što nemam?

Zahvalnost je vještina koja se uči i upravo je ona jedan od najvažnijih alata za promjenu fokusa, a time i osjećaja radosti. Kada Tvoj fokus ostaje na onome što nemaš, Ti vibriraš nedostatkom, a tada Svemir odražava još više iskustava koja potvrđuju taj osjećaj. No, kada počneš svjesno prebacivati fokus na ono što već imaš, mijenjaš Svoju vibraciju, i Tvoj se svijet počinje mijenjati s njom.

Zahvalnost Te vraća u sadašnji trenutak i fokusira na obilje koje već postoji u Tvom životu. Bez obzira na to što trenutno misliš da nemaš, sigurno postoji barem jedna stvar na kojoj možeš biti zahvalna. Možda je to Tvoja obitelj, zdravlje, prijatelji ili, jednostavno, sunce koje sija svaki dan. Započni s jednom stvari. Zahvalnost Te uči da prepoznaješ bogatstvo koje već posjeduješ, i kad jednom to počneš primjećivati, Tvoj se fokus prirodno mijenja. S vremenom ćeš vidjeti kako postaješ sve zahvalnija, a Tvoj će se svijet obogatiti na načine koje možda sada ne možeš ni zamisliti.

Znači li to da je zahvalnost dovoljna da promijeni moju vibraciju i da manifestiram obilje, čak i financijsko?

Da! Zahvalnost ima moć promijeniti Tvoju vibraciju na način koji može donijeti i financijsko obilje u Tvoje iskustvo, i to bez potrebe da se fokusiraš isključivo na novac. Kada vibriraš zahvalnošću, automatski vibriraš u frekvenciji obilja. Zakon privlačenja odgovara na Tvoju vibraciju, ne na Tvoje konkretne želje.

Ako se osjećaš kao da već imaš obilje u Svom životu, Svemir će Ti donijeti još razloga za tu zahvalnost, uključujući i financijsko obilje.

Sreća i zahvalnost stvaraju energiju na višoj frekvenciji, koja Ti donosi više iskustava u skladu s tom energijom. Ne moraš misliti o novcu direktno da bi ga manifestirala – dovoljno je da osjećaš zahvalnost i radost za ono što već imaš. Kada se Tvoj fokus prebaci na obilje u različitim oblicima, novac dolazi prirodno, kao dio tog obilja.

Kako je najbolje krenuti?

Tako da ne forsiraš zahvalnost. Ako trenutno ne osjećaš zahvalnost, to je u redu. Možda ćeš morati proći kroz proces prepoznavanja „malih" blagoslova u svakodnevnom životu. Kreni sa samo jednom stvari i ostani s njom neko vrijeme. Ne brini, ako se zahvalnost ne pojavi odmah. Kako Tvoj fokus bude postajao svjesniji blagoslova koje već imaš, osjećaj zahvalnosti će prirodno rasti.

S vremenom ćeš primijetiti kako se Tvoj svijet mijenja. Počet ćeš vidjeti sve više razloga za zahvalnost, a ta promjena u fokusu će podignuti Tvoju vibraciju i omogućiti Ti da manifestiraš obilje u svim njegovim oblicima, uključujući financijsko. Zahvalnost je proces, i što je više prakticiraš, to će Tvoj život postajati bogatijim i ispunjenijim.

Ponekad čujem ljude kako govore da se sve u životu vrti oko novca. Je li to istina? Zašto to ljudi misle i kako mogu shvatiti da to možda nije tako?

Kada ljudi kažu da se sve vrti oko novca, to je njihov fokus, njihova istina. Oni to vjeruju zbog Svojih uvjerenja i iskustava koja potvrđuju tu misao. Kada je nečiji fokus isključivo na novcu, oni svijet vide kroz prizmu novca. Ako nekoga stalno brine nedostatak novca, sve će oko Sebe tumačiti kroz tu prizmu. Čak i kad govore da se sve vrti oko novca, ne prepoznaju da su *oni ti koji su usmjerili Svoj fokus na to i zbog toga im se čini da je to sveprisutan aspekt života.*

Tvoj je svijet odraz onoga kakva si iznutra. Ako vjeruješ da se sve vrti oko ljubavi, davanja, smijeha i energije, takav svijet ćeš i doživljavati. Ako Ti je fokus na novcu ili nedostatku, to će biti Tvoj svijet. *Svaka osoba vidi život kroz filtre vlastitih uvjerenja.*

Da! I mnogi kritiziraju bogate ljude. Odakle ta ljutnja dolazi?

Iz vlastitog osjećaja nedostatka. Kada netko nema novca ili osjeća da ga nema dovoljno, ljutnju i frustraciju zbog fokusa na nedostatak usmjerava prema onima koji ga imaju. No, problem nije u ljudima koji imaju novac – problem leži u uvjerenjima i osjećajima koje osoba ima prema Sebi i Svom financijskom stanju.

Kada osoba osjeća nedostatak, osuda dolazi iz vlastitog osjećaja frustracije i zavisti. Kada čovjek nema nešto, često traži vanjske krivce, umjesto da se suoči sa Svojim uvjerenjima i emocijama.

A što, ako ja osjetim ljubomoru ili zavist, kada vidim da drugi imaju više nego ja? Kako da se nosim s tim osjećajem i ne upadam u zamku osuđivanja drugih?

Ljubomora i zavist proizlaze iz osjećaja nedostatka. Kada vidiš da netko ima nešto što Ti nemaš, a što želiš, možeš osjetiti zavist jer se uspoređuješ s njima. No, ključno je prepoznati da taj osjećaj dolazi iz fokusa na ono što Ti nedostaje, a ne iz stvarne kritike prema toj osobi.

Rješenje leži u promjeni fokusa. Umjesto da se fokusiraš na ono što nemaš, preusmjeri pažnju na obilje koje već postoji u Tvom životu. Kad postaneš svjesna blagoslova koje već imaš, Tvoja će se vibracija početi mijenjati. S vremenom ćeš shvatiti da ljubomora i zavist nisu usmjereni prema drugima, već su odraz Tvoje vlastite unutarnje borbe.

Je li zaista moguće živjeti život u kojem radiš ono što voliš i od toga lagodno živiš? Većina ljudi tvrdi da to nije moguće, da moram prihvatiti sigurnost i stalan posao. Kako mogu vjerovati da je drugačiji život moguć?

Naravno da je moguće živjeti život u kojem radiš ono što voliš i od toga lagodno živiš. Mnogi su ljudi to postigli i ako ih malo potražiš, naći ćeš ih. Oni koji su to postigli jednostavno su vjerovali da je to moguće. Ovi drugi nisu, iz istog razloga. Razlika je u njihovim uvjerenjima. Ako vjeruješ da je to nemoguće, tada ćeš kreirati realnost koja potvrđuje to uvjerenje. No, ako otvoriš Svoj Um prema mogućnosti da se može živjeti u skladu s Tvojim strastima i da Te Svemir podržava u tome, tada ćeš početi vidjeti znakove i prilike koje će Ti to omogućiti.

Što, ako trenutno radim posao koji ne volim? Mogu li iz tog mjesta doći do onoga da radim ono što volim i da od toga i dobro živim?

Da, moguće je. Možda ne možeš odmah danas promijeniti cijelu Svoju situaciju, ali možeš krenuti malim koracima. Promjena se ne događa preko noći, ali ako vjeruješ da je moguće i ako poduzimaš korake u tom smjeru, Svemir će Te podržati.

Postavljanje pitanja, poput: "Vjerujem li da je moguće da već sutra radim ono što volim?" može Ti pomoći da procijeniš gdje su Tvoja uvjerenja trenutno. Ako osjećaš otpor ili sumnju, to je znak da trebaš raditi na promjeni Svojih uvjerenja. Kroz proces edukacije, inspiracije i malih akcija, Tvoje će uvjerenje postati jače, a sa svakim ćeš korakom biti bliže tome da živiš život u kojem radiš ono što voliš i za to si nagrađena.

Ti si kreator i sve što trebaš je poduzeti prve korake prema onome što uistinu želiš.

Mislim da je ljudima jako teško naplatiti svoje usluge. Svi oko mene imaju problem s tim. Zašto je to tako?

Dokle god osoba ne zna svoju pravu vrijednost, imat će izazove s naplaćivanjem Svog rada, usluga ili znanja. Vrijednost nije samo u onome što se nudi – vrijednost je u vremenu i energiji koje je uloženo u stjecanje znanja i vještina. Njihov proizvod ili usluga nije samo to, ono je rezultat godina truda, učenja i iskustava.

Važno je osvijestiti koliko je vremena i energije uloženo u osobni razvoj. To znanje i iskustvo ne mogu se vratiti, jer je vrijeme koje je prošlo neprocjenjivo. Kroz tu spoznaju dolaziš do shvaćanja vlastite vrijednost i spremnosti naplaćivanja Svog rada na način koji odražava tu vrijednost.

A što, ako netko kaže da je cijena previsoka? Kako da se tu postavim?

Ljudi koji govore da je cijena previsoka često ne razumiju pravu vrijednost uloženog vremena i energije. Njihov komentar nije odraz prave vrijednosti, već njihove percepcije.

Važno je da ostaneš čvrsta u Svom uvjerenju o vlastitoj vrijednosti. Promjena u percepciji Svoje vrijednosti počinje unutar Tebe. Kada Tvoja vibracija promijeni fokus s nesigurnosti na jasnoću o tome koliko vrijediš, počet ćeš manifestirati ljude koji cijene Tvoju uslugu i koji će biti spremni platiti pravu cijenu.

Ako poklekneš i ponudiš Svoje usluge u bescjenje, samo produžuješ taj obrazac. Ti kreiraš Svoju realnost i ako nastaviš vjerovati u Svoju vrijednost, manifestirat ćeš ljude koji to prepoznaju i koji će cijeniti ono što nudiš.

Ponekad mi se čini da sam okružena ljudima koji stalno govore da nemaju novca. Čak i u medijima i svakodnevnim razgovorima, često čujem priče o nedostatku. Kako da izađem iz tog kruga i promijenim svoju realnost u onu u kojoj svjedočim obilju?

Tvoja je realnost odraz Tvojih uvjerenja. Uvijek! Ako stalno slušaš priče o nedostatku, ponavljaš ih Sebi i razgovaraš o tome s drugima, tada Tvoj fokus postaje nedostatak, i to Ti Svemir vraća. No, važno je znati da u ovom trenutku postoji i druga realnost. Onoj kojoj svjedočiš, samo što se temelji na Tvojim uvjerenjima i fokusu.

Kako bi promijenila Svoju realnost prvo moraš promijeniti Svoj fokus na ljude i situacije koje reflektiraju obilje, ne na one koje reflektiraju nedostatak.

Uvijek se prvo mijenja vibracija, a tek tada će se promijeniti i ljudi i situacije koje manifestiraš oko Sebe. To ne znači da trebaš odmah promijeniti sve oko Sebe, već da promijeniš način na koji gledaš na Svoju realnost.

Počni s vizualizacijom. Svakodnevno zamišljaj kako ljudi kupuju Tvoje usluge ili proizvode, kako ti Tvoj poslodavac daje povišicu, kako sve više ljudi pohađa Tvoja predavanja ili aktivnosti. Zamišljaj realnost koju želiš živjeti – živopisno i s osjećajem. Kada Tvoje emocije počnu odgovarati toj viziji, Tvoja će se vibracija promijeniti, a s njom će se početi mijenjati i Tvoja realnost.

Također, obrati pažnju na znakove koji Ti dolaze. Kada Tvoja vibracija počne rasti, počet ćeš svjedočiti malim potvrdama – člancima, razgovorima, idejama koje Ti dolaze i ukazuju na obilje. Prepoznaj ih kao znakove da je Tvoja vibracija na pravom putu.

Zapamti, ne možeš svjedočiti onome na što nisi usklađena. Ako Tvoj fokus i vibracija počivaju na uvjerenju da ljudi nemaju novca, tada će ti Svemir odražavati upravo tu realnost. Ljudi koji imaju novac i žive u obilju jednostavno nisu na Tvojoj vibraciji, pa ih ne možeš primijetiti. Ljudi koji žive u obilju postoje, i kad promijeniš Svoju vibraciju i fokusiraš se na obilje, počet ćeš ih primjećivati. To je Zakon privlačnosti – kada promijeniš Svoja uvjerenja, Svemir Ti počinje pokazivati drugačije slike. Kao što si sada usklađena s ljudima koji žive u nedostatku, s vremenom ćeš se uskladiti s onima koji žive u obilju.

Što mi još predlažeš da radim?

Kada se Tvoja vibracija počne mijenjati i krene u smjeru obilja, dolazit će poriv na akcije. Znaj da su to akcije koje te vode do realnosti kakvu želiš živjeti. Poduzmi ih. To su inspirativne akcije i dolaze od Mene. Slijedi Svoje unutarnje navođenje i radi stvari koje te čine uzbuđenom, jer to je signal da su te akcije u skladu s Tvojom novom vibracijom. Ne dozvoli Umu da Te zaustavi.

U redu. Imam još nekoliko pitanja na ovu temu.

Znam.

Dakle, ono što mislim o sebi i vlastitoj vrijednosti odražava se na moju financijsku situaciju?

Da. Kada istinski spoznaš Svoju vrijednost – ono što znaš, što možeš i tko si u suštini – tada ćeš bez sumnje i oklijevanja moći postaviti cijenu za Svoje usluge,

164

znanje i vrijeme. Tvoje samopoštovanje određuje Tvoju spremnost da tražiš i primaš.

Osobe koje su usklađene s vlastitom vrijednošću nemaju problem naplatiti ono što vrijedi, jer razumiju da njihov rad i vrijeme imaju duboku vrijednost. Vibracija obilja dolazi iz spoznaje vlastite vrijednosti, a kada cijeniš Sebe, Svemir Ti odgovara reflektirajući to kroz situacije, ljude i prilike.

S druge strane, nedostatak samosvijesti dovodi do prihvaćanja situacija koje nisu u skladu s Tvojim istinskim bićem. To je razlog zašto mnogi pristaju raditi za male plaće ili čak bez ikakve naknade – jer ne razumiju da njihov rad, vrijeme i energija vrijede više. Kad spoznaš Svoju pravu vrijednost, Tvoje odluke postaju jasne – znaš što prihvatiti, a što odbiti, jer osjećaš duboko u Sebi da zaslužuješ najbolje.

A što kad me uhvati strah da za nešto neću imati?

Tvoj strah dolazi iz uvjerenja da nećeš imati dovoljno i iz projiciranja negativnih scenarija u budućnost. Ti se zapravo plašiš Svojih misli, a ne stvarne situacije jer izlaziš iz sadašnjeg trenutka i zamišljaš buduće događaje koji se još nisu dogodili.

Ključ je ostati u sadašnjem trenutku jer strah ne može postojati kada si potpuno prisutna Ovdje i Sada. Strah je uvijek vezan za budućnost i misli koje Te vode izvan trenutne realnosti. Kada si potpuno usklađena sa sadašnjim trenutkom, nalaziš mir i jasnoću.

Važno je razumjeti da Tvoja uvjerenja o novcu kreiraju Tvoju realnost. Duboko ukorijenjeno uvjerenje da novac neće biti prisutan u Tvom životu izaziva taj strah. Ostani što je moguće više prisutna u sadašnjem trenutku. Tu ćeš shvatiti da u Sada strah ne postoji. On je isključivo vezan za misli. Ako nemaš misli, nemaš ni strah.

A što, ako je moja Duša odabrala siromaštvo kao iskustvo? Onda ja to, koliko god se trudim neću uspjeti promijeniti? Ili?

Sve što si odabrala prije dolaska u ovu fizičku realnost bilo je samo jedan od potencijalnih scenarija. Međutim, slobodna volja temelj je Tvog postojanja. Čak i ako si odabrala iskustvo siromaštva kao polaznu točku za Svoj rast, to ne znači da si vezana za taj izbor do kraja Svog života. Tvoja je realnost potpuno fleksibilna i promjenjiva, a svi vi ste kreatori Svog iskustva u svakom trenutku.

Univerzalni zakoni koji su neodvojiv dio vaše realnosti – poput Zakona privlačnosti – omogućuju vam da mijenjate Svoju vibraciju i kreirate novi put, bez obzira na početne postavke. Ako u dubini Sebe osjećaš da si proživjela i integrirala iskustvo koje si možda odabrala prije dolaska, Sada možeš donijeti svjesnu odluku da ga mijenjaš.

Sve što trebaš učiniti je usmjeriti se na novu verziju Sebe, onu koja živi obilje jer ta verzija Tebe već postoji – u paralelnoj realnosti. Prebaci Svoj fokus na nju i ona će postati Tvoja realnost.

Zapamti, Ti si višedimenzionalno biće koje uvijek ima moć odabira.

Kako se riješiti krivnje dok trošim novac, a toliko ljudi ga nema?

Upravo Ti emocija krivnje govori da imaš uvjerenje koje Ti ne služi. Kada osjećaš krivnju, to je zato što gledaš svijet iz perspektive nedostatka, a ne obilja. Ovdje je riječ o uvjerenju da si Ti na neki način odgovorna za druge i situacije u kojima se oni možda nalaze. *Ti nisi odgovorna za realnost drugih ljudi, jer svatko ima Svoj vlastiti put i vlastite izbore.*

Tvoj osjećaj krivnje dolazi iz nesklada između onoga što osjećaš da zaslužuješ i uvjerenja koje Ti društvo nameće – da je loše imati, dok drugi nemaju. Obilje je dostupno svima. Svemir ne poznaje ograničenja, a Tvoje uživanje u materijalnim stvarima ne uskraćuje drugima mogućnost da i oni manifestiraju ono što žele. Kada si u ravnoteži između davanja i primanja, Ti si usklađena sa zakonima Univerzuma.

Ti si ovdje da živiš obilje u svemu što Ti donosi radost. Ne moraš birati između pomaganja drugima i uživanja u stvarima koje voliš. Ravnoteža je ključ. Pomaži kada osjećaš inspiraciju za to, ali ne zanemaruj Sebe i Svoje vlastite želje.

Promjeni pogled i promijenit ćeš emociju. Upravo to što Ti živiš obilje može inspirirati druge da i oni mijenjaju Svoja uvjerenja, a time i Svoju realnost. Pronađi ravnotežu.

Hvala ti beskrajno na svim ovim objašnjenjima. Već osjećam da se moja uvjerenja o novcu mijenjaju.

Ako osjećaš, onda se i mijenjaju.

Sada bih htjela pričati o ljubavi. Što je sa ljudima koji ne žive ljubav?

Ne postoji život bez ljubavi jer život i jeste ljubav. Ne možete živjeti bez ljubavi, jer vaša esencija je čista ljubav. Kada netko osjeća da nije voljen, to je samo zbog njihovih misli koje kreiraju to iskustvo. Takvi traže ljubav izvan Sebe, misleći da im je netko drugi mora dati. Ali, ljubav koju traže već je unutar njih. Izvor u vama je čista ljubav i, zato, ne možete biti bez nje.

Svi vi već jeste ljubav i sve što trebate učiniti je prisjetiti se te istine. Ako povjerujete Svojim mislima koje vam govore da niste voljeni, vi zapravo kreirate tu realnost. Ali ako se usmjerite na ono tko zaista jeste – na ljubav koja vi jeste – ta iluzija nestaje.

Znači, ako osjećam da nisam voljena, to zapravo nije istina? Samo trebam promijeniti svoje misli?

Tako je! Osjećaj da nisi voljena dolazi iz Tvog fokusa. I uvjerenja. Kada se fokusiraš na nedostatak ljubavi, Ti zapravo manifestiraš još više tog osjećaja. Ali, ljubav je Tvoja prirodna vibracija, i kad se uskladiš s tom vibracijom kroz pozitivne misli i osjećaje, osjetit ćeš ljubav iznutra. Zakon privlačnosti odgovara na ono što osjećaš, pa ako se usmjeriš na ljubav koju već nosiš u Sebi, živjet ćeš još više ljubavi u Svom životu.

Ono što možeš raditi je svakodnevno ulaziti u tišinu Svog bića. Spoji se sa Svojim dahom jer disanje je poveznica između tebe i Izvora. Kada usmjeriš fokus na dah, osjetit ćeš preplavljujuću ljubav – ljubav koja je oduvijek bila u Tebi.

Kako mogu ojačati tu svijest o ljubavi unutar sebe?

Samo se podsjeti. To i radiš ovog trenutka. Samim postojanjem, Ti si voljena. Tvoja vibracija ljubavi privlači ljubav u Tvoj život. Zato stvori naviku spajanja s tom ljubavlju svaki dan. Vježbaj zahvalnost i fokusiraj se na ono što voliš kod Sebe i svijeta oko Sebe jer kada to činiš, vibracija ljubavi sve više raste unutar Tebe.

Znači, kada osjetim tu ljubav u sebi, mogu je dijeliti drugima i istovremeno biti ispunjena?

Da, upravo tako! Kada se spojiš s ljubavlju u Sebi, nema potrebe tražiti je izvana. Ljubav tada teče kroz Tebe i izlazi iz Tebe prirodno, i tada inspiriraš druge. Najveći dar koji možeš dati svijetu je da budeš primjer ljubavi. A kada živiš u skladu s vibracijom ljubavi, tada i Tvoja realnost reflektira tu ljubav natrag prema Tebi.

Zašto je toliko važno voljeti sebe?

Ljubav prema Sebi temelj je svakog drugog odnosa. Kada voliš Sebe, otvaraš prostor za autentičnu ljubav prema drugima. Tvoje misli o Tebi manifestiraju ono što dolazi u Tvoj život. Ako ne voliš Sebe, manifestiraš odnose koji odražavaju tu nesigurnost.

Zašto ljudi ne vole sebe?

Kada se rodite, dolazite u svijet s urođenim osjećajem ljubavi prema Sebi. Jer kroz vas i teče samo ljubav. No, kroz život, mnogi vas ljudi uvjere u suprotno. Naučili su vas da ljubav dolazi izvana, da je morate zaslužiti. Jednostavno preuzmete tuđa uvjerenja i prihvatite ih kao istinu.

Kako se onda ponovno povezati s tom ljubavi u sebi?

Tako što skidate slojeve uvjerenja koja su vas udaljila od te istine.

Prvo si postavi pitanje: „Tko me uvjerio da nisam dovoljno vrijedna?" Kada otkriješ odgovor, počinje proces Tvog iscjeljenja. Bez osude prema Sebi ili onima koji su Te naučili drugačije. Nisu znali bolje. I sami provode život u tim uvjerenjima. S tom spoznajom, oprost čak ni nije potreban. Meditacija Ti može uveliko pomoći u tom procesu, jer ona otvara prostor za spoznaju o tome tko uistinu jesi.

Što je s ljudima koji imaju neko specifično fizičko obilježje ili neki fizički nedostatak? Ili invaliditet?

Ljubav ne dolazi iz onoga što vidiš u ogledalu, već iz onoga tko jesi u Svojoj srži. Tvoj fizički izgled, Tvoje savršene nesavršenosti su samo percepcije koje nosiš o Sebi. Ljubav nije vezana za te vanjske aspekte, već za energiju i način na koji se odnosiš prema Sebi. Zar ne vidiš oko Sebe koliki broj ljudi s, kako kažeš, nedostatkom ili invaliditetom živi ljubav?

Ako Sebe vide kao osobu koja nije vrijedna ljubavi, ta će se slika reflektirati kroz odnose koje će manifestirati. Jer realnost je odraz Tebe. Ali kada prihvatiš Sebe u potpunosti, bez obzira na ono što smatraš "nedostatkom", tada ćeš u Tvojoj realnosti imati ljude koji će vidjeti pravu Tebe – Tvoju dušu, Tvoju ljubav, Tvoju esenciju.

Čini mi se da su mnogi ljudi rođeni s mržnjom u srcu. Je li moguće da se netko jednostavno rodi kao rasist, homofob ili s mržnjom prema drugima?

Ne, nitko se ne rađa mrzeći drugoga. Mržnja je nešto što se nauči. Mržnju, netrpeljivost i strah ljudi nauče iz svog okruženja, bilo da je to obitelj, društvo ili kultura u kojoj su odrasli. Kada bi osoba koja mrzi drugu religiju bila rođena u okruženju koje slavi tu istu vjeru, ljubav prema njoj bi bila prirodna. Mržnja nije istinski dio vašeg srca, već rezultat programa i uvjerenja koja su vam nametnuta.

A što, kada mi nekog mrzimo?

Mržnja nikada ne može povrijediti drugu osobu. Mržnja najviše povređuje onoga tko je nosi jer ona djeluje kao otrov unutar Tebe. Kao da ti popiješ otrov i očekuješ da će onaj drugi umrijeti. Mržnja dolazi iz nesporazuma, neshvaćanja da svaka osoba djeluje iz vlastitih uvjerenja i boli. Ljubav iscjeljuje, dok mržnja stvara još više boli i patnje. Oprosti, ne zbog njih, nego zbog Sebe. Kad opraštaš, otpuštaš teret koji nosiš i daješ Sebi dar mira.

Kako se ljudi mogu riješiti mržnje? Mnogima je nezamislivo oprostiti.

Oprost dolazi kroz razumijevanje. Pokušaj vidjeti te ljude očima ljubavi ili barem očima razumijevanja. Kada mrziš, Ti se zapravo vežeš za prošlost i ponovno proživljavaš istu bol svaki put kada pomisliš na tu osobu. Pokušaj shvatiti da su oni također pod utjecajem Svojih okolnosti i uvjerenja. Mržnja je niska vibracija i ona Te drži u toj energiji.

Mržnja Ti ne može donijeti ništa dobro za Tebe. Razumijevanje je uvijek odličan izbor za krenuti u smjeru promjene.

Ali, kako da razumijem nekoga tko je učinio nešto toliko strašno, poput ubojstva?

Netko ili nešto je tu osobu oblikovalo u ono što je postala. Možda je doživjela zanemarivanje, zlostavljanje ili druge strašne okolnosti. To ne znači da podržavaš njena djela, već da razumiješ odakle ona dolaze. Bolne postupke čine ljudi koji su i sami duboko u boli. Razumijevanje toga u Tebi otvara vrata ljubavi. Ne prema toj osobi, već prema njenoj Duši. Jer je na taj način Dušom i gledaš.

A što, ako ne mogu voljeti te ljude koji su me povrijedili?

Niti ne moraš. Poanta je osloboditi se mržnje. Ljubav je svjetlost koja iscjeljuje rane. Kad pustiš mržnju, više ne daješ toj osobi moć nad Tobom. *Ona gubi kontrolu nad Tvojim životom.* I što je najvažnije, vraćaš mir u Svoje srce. Oslobađanje od mržnje donosi slobodu, mir i ljubav. Svatko od vas, u svakom trenutku, ima mogućnost odabira. Možete izabrati ljubav, koja iscjeljuje i osvjetljava vam put.

Ili možete izabrati mržnju, koja vas drži vezanima za prošlost i patnju. Odaberite ljubav jer ona vas vraća vašoj Duši koja je čista ljubav.

Zašto je ljubav tako teško opisati riječima?

Jer je ljubav neograničena, dok su riječi ograničene. Pokušaj opisivanja ljubavi zapravo je umanjuje. Riječi su samo simboli, a ljubav je iskustvo koje nadilazi sve simbole. Ljubav nije nešto što možeš jednostavno objasniti. Ljubav se osjeća, živi, izražava kroz djela. Kada živiš ljubav, ona je prisutna u svakom trenutku – u svakom dahu, pokretu, dodiru, pogledu. Pokušaj ne razmišljati o ljubavi kroz riječi, već kroz osjećaje. To je njezina prava priroda.

Ali, zašto su nam te dvije riječi "Volim te" toliko važne? Zašto ih želimo čuti kao potvrdu nečije ljubavi?

"Volim te" su samo riječi. I u njima nema ništa loše. I one imaju svoju vibraciju. Ali, to su ipak samo riječi. Ono što je važno jeste da ih ne zahtijevate iz niske vibracije i potvrde ljubavi izvan Sebe. Kada netko nema unutarnje znanje da je voljen, traži verbalnu potvrdu da bi se osjećao sigurno. No, ljubav se ne izražava samo riječima – ona se pokazuje djelima, ponašanjem, energijom koju dijelimo s drugima. Kada ljubav doista postoji, ona ne zahtijeva riječi. Naravno da su i one dio nekog odnosa, ali se ne zahtijevaju kao potvrda. Riječi se zahtijevaju u nesigurnosti, kada se traži nešto što se nije dobilo kroz djela. Djela su najglasniji izraz ljubavi. Govore mnogo glasnije od riječi.

Riječi "Volim te" može izgovoriti svatko, u svakom trenutku. I bez da iza njih stoji ljubav. Djela su nepogrešiv pokazatelj.

A što je s onim da ljubav boli?

Ljubav ne može nikada biti bol i nikada ne boli. Ono što boli su očekivanja, vezanosti, iluzije i iskrivljene verzije ljubavi. Prava ljubav daje slobodu, donosi mir i radost. Kada osjećaš ljubomoru, nesigurnost ili posesivnost, to nisu znakovi ljubavi, već znakovi straha. Ljubav je bezuvjetna. Ona ne traži ni prisilu ni kontrolu. Kada živiš ljubav u njenoj punini, osjećaš mir.

Znači li to da ako sam bila povrijeđena, nisam doživjela pravu ljubav?

To znači da si doživjela iskustvo koje Te učilo što ljubav nije. Bol, patnja i tuga pomažu Ti da spoznaš ono što ljubav uistinu jeste. Ljubav nije kontrola, tjeskoba, uvjetovanje. Ljubav je sloboda, mir i prihvaćanje. Vi ste došli prisjetiti se tko ste zaista. Kroz iskustva. *Prisjetiti se možete i preko onoga što nešto nije.* Kada shvatite što ljubav nije, bit ćete bliže onome što ona uistinu jeste.

Kako ću znati da uistinu živim ljubav?

Kada si u skladu sa Sobom, kada Tvoje riječi, misli i djela odražavaju ljubav, tada znaš da živiš ljubav. Ne trebaš tražiti vanjsku potvrdu. Osjećaš mir, sigurnost i radost unutar Sebe.

Što je zapravo bezuvjetna ljubav? I koliko je ona moguća u partnerskim odnosima?

Bezuvjetna ljubav, sama po sebi, nosi odgovor u imenu – ljubav bez uvjeta. To znači voljeti nekoga u potpunosti, bez ikakvih zahtjeva, ograničenja ili očekivanja. To je ljubav kakva postoji u svojoj najčišćoj formi. Međutim, u identitetu Ega, ljudi često miješaju uvjetovanu ljubav s bezuvjetnom jer je društvo postavilo uvjerenja koja vas zbunjuju o tome što ljubav uistinu jeste. I znaj da bezuvjetna ljubav ne znači žrtvovanje Sebe.

Ljubav nije trpljenje niti prihvaćanje svega. Bezuvjetna ljubav ne podrazumijeva da pristaješ na situacije koje Te čine nesretnom. Ljubav koja Te povređuje ili ograničava nije ljubav. Ljubav daje slobodu – slobodu da budeš ono što jesi, da rasteš i razvijaš se. Ako osjećaš da Te netko pokušava uvjeriti da nešto nije u redu s Tobom zato što ne dijeliš njihovu viziju ljubavi, to je znak da trebaš preispitati tu vezu, a ne Svoju sposobnost voljenja.

Znači, bezuvjetna ljubav je više o razumijevanju i slobodi, nego o pristajanju na sve?

Točno. Bezuvjetna ljubav daje slobodu, ali ne prisiljava na kompromis s vlastitom istinom. Kada iskreno voliš, želiš drugoj osobi slobodu da bude ono što jest, ali isto tako i Sebi daješ tu slobodu. Ljubav cvjeta kada oba partnera žive Svoje istine, bez osjećaja da su zarobljeni u uvjetima koje ne mogu ispuniti.

Postoji li takvo što kao imati sreće u ljubavi?

Ljubav nije slučajnost. Ljubav dolazi iz jasnoće. Oni koji žive ljubav nisu se zadovoljili ničim manjim. Oni nisu pristali na vezu koja ne ispunjava ono što je uistinu ljubav.

Znači, nije riječ o sreći, nego o odabirima?

Upravo tako. Ljudi često ostaju u vezama koje ih ne ispunjavaju iz straha ili uvjerenja da bolje neće doći. Pristaju na manje nego što zaslužuju, a očekuju da će nekako doći do ljubavi. Ali, ljubav ne može doći dok pristaješ na ono što ljubav nije. Ljudi koji žive autentičnu, ispunjenu ljubav to čine jer su odbili prihvatiti odnose koji to nisu bili. Oni su donijeli odluku da će voljeti Sebe dovoljno da ne pristaju na manje.

Što, ako ne mogu naći partnera koji dijeli moju definiciju ljubavi? Trebam li onda ostati sama?

Ako si spremna biti sama, to je znak da znaš koliko vrijediš. I upravo tada, kada si mirna sama sa Sobom i ispunjena ljubavlju prema Sebi i ako Ti je to želja, doći će netko tko dijeli Tvoje vrijednosti. Ljudi često ostaju u vezama iz straha od samoće, ali paradoks je da se prava usamljenost može osjećati i u vezi.

Kako mogu znati da živim ljubav?

Tvoja Ti Duša uvijek daje znakove. Znaš kada nešto nije u skladu s Tvojom istinom, kao i kada nešto jeste. Osjećaj ispunjenosti, mira, podrške i slobode – to su znakovi ljubavi.

Najviše ćeš znati po tome što nećeš imati ovo pitanje.

A što je onim da je ljubav kompromis?

Ljubav i kompromis nisu isto i važno je to razumjeti. Kompromis podrazumijeva odricanje, a ljubav ne uključuje žrtvovanje. U ljubavi nema osjećaja gubitka. Kada dvoje ljudi igra igru ljubavi, oboje dobivaju jer *ljubav voli davati.* Ljubav nikada ne znači gubitak, već slobodu. Ljubav želi sreću za obje strane. Ako u odnosu osjećaš da se odričeš dijela Sebe, to nije ljubav, već kompromis koji Te udaljava od Tvoje istinske prirode.

Ali, što ako moj partner i ja imamo različite želje i potrebe? Kako postići ravnotežu bez kompromisa?

Ključ je u usklađivanju sa Sobom, a ne s drugom osobom. Partnerska ljubav se živi kada oba partnera postignu sklad unutar Sebe. Nitko Te ne može usrećiti, ako nisi sretna sama sa Sobom. Ako sreću tražiš isključivo od svog partnera, postavljaš teret na njega, a to nije ljubav. *U ljubavi dvoje ljudi dijeli Svoju sreću, a ne traži je jedno od drugoga.* Kada oba partnera žive u skladu sa Sobom, prirodno dolazi do sklada i između njih.

Dobro. A kako se uskladiti sa sobom?

Usklađivanje sa Sobom znači poznavati i voljeti Sebe. To znači biti svjestan Svojih osjećaja, donositi odluke koje su u skladu s Tvojom istinom i razumjeti da nitko drugi ne može donijeti tu unutarnju ravnotežu, osim Tebe. Uvijek ćeš osjećati da nešto nije u redu, ako živiš u skladu s tuđim, a ne Svojim vlastitim očekivanjima.

Što, kada netko osjeti da više nije sretan u vezi, ali boji je se završiti?

Strah od samoće često je razlog zbog kojeg ljudi ostaju u vezama za koje osjećaju da više ne služe njihovom rastu. Ali, prava je istina da je došlo do nečeg puno važnijeg, a to je gubitak ljubav prema Sebi. Samoća nije nešto čega bi se ljudi trebali bojati. Samoća pruža priliku da se povežete sa Sobom, da se uskladite sa Svojom istinom i da shvatite što zaista želite u životu. Kada znate što želite i kada volite Sebe, nećete se bojati biti sami. Upravo suprotno. _Obožavat ćete biti u Svom društvu._

Što je s ljudima koji se plaše ljubavi i ne žele biti s nikim iz straha?

Ljudi se ne plaše ljubavi. Njihove misli ih plaše. Oni se plaše zbog sjećanja na prošle povrede i zbog toga osjećaju strah da će se iste stvari ponoviti. Takvi nisu otpustili prošlost, već su sami Sebe zarobili u njoj. Potpuno nesvjesni toga. Kada prestanu nositi teret prošlosti, strah će nestati. U ovakvim situacijama fokus nije na ljubavi, već na bolnoj prošlosti. A fokus na prošlu bol manifestira još više boli. Ako želiš živjeti novo iskustvo, potrebno je promijeniti fokus na ono što želiš osjećati, a ne na ono čega se bojiš.

Izuzetno je važno ne projicirati povrede na nove odnose. Svaka je nova osoba nova prilika za ljubav, a ne refleksija Tvoje prošlosti. Važno je otvoriti Svoje srce za novu ljubav, bez tereta onoga što je bilo. Otpustiti strahove i povjerenjem dopustiti ljubavi da Te vodi.

Oni isti kao i Ti će Te prepoznati.

Kako se možemo uskladiti s ljubavlju koju želimo primati?

Ako Ti je fokus samo na tome što želiš primati, propuštaš suštinu ljubavi. Ljubav nije jednostrani proces primanja, već razmjena davanja i primanja. Kada počneš razmišljati o tome *što možeš dati*, Ti automatski usklađuješ Svoju vibraciju s ljubavlju koju želiš primiti. Ljubav dolazi, kada prestaneš čekati da Te netko usreći i počneš biti ona osoba koja donosi sreću drugima. Kroz davanje ljubavi, podrške, razumijevanja, stvaraš temelj za primanje iste takve ljubavi.

Kako znati je li ljubav koju dobivamo ista ona koju dajemo?

Ne izražavaju svi ljubav na isti način. Možda Tvoj partner pokazuje ljubav kroz djela, dok Ti očekuješ verbalne izjave ili emocionalnu podršku. Ponekad je potrebno proširiti Svoje poimanje ljubavi i prepoznati da ljubav može doći u različitim oblicima. Razlika u percepciji ne znači odsutnost ljubavi. Ako shvatiš da Te partner voli na način koji možda nije identičan Tvom, možeš pronaći mir u toj spoznaji. Međutim, ako ne osjećaš zadovoljstvo, uvijek imaš pravo birati ljubav u obliku koji Ti odgovara, što je temelj Tvoje slobodne volje.

Ima li svaka osoba srodnu Dušu?

Da. I ne samo jednu. Srodne Duše su one Duše s kojima dijeliš duboku, jaku povezanost i dogovor Duša. One dolaze u Tvoj život kako bi Ti pomogle da rasteš, razvijaš se i bolje razumiješ tko si uistinu.

Neki Te mogu izazvati i protresti, dok drugi pružaju osjećaj prepoznavanja i podrške jer su tu da Ti reflektiraju Tvoju istinsku prirodu. Oni nisu nužno partneri s kojima ćeš provesti cijeli život, već Duše s kojima si se dogovorila, prije nego si došla na ovaj svijet, da će Ti pomoći na tvom putu ekspanzije. Njihov zadatak nije uvijek da Ti donesu mir, već često i da Te probude, pomognu Ti kroz kontrast i kroz ljubav kako bi mogla otkriti tko si u svojoj punini. Ono što Tebe vjerojatno u ovom trenu više zanima je Duša partner.

Da! O njima mi pričaj!

Duša partner je partner s kojim dijeliš zajednički cilj rasta, evolucije i ljubavi, dok oboje gledate u istom smjeru, ne samo jedno u drugo. Duša partner prepoznaje Tvoju snagu, slobodu i vrijednost, ne pokušava Te promijeniti, nego Te potiče da budeš najbolja verzija Sebe. *To je osoba koja ne popunjava praznine u Tebi, nego s kojom zajedno dijeliš ljubav koju već imaš u Sebi.* S Dušom partnerom ne postoji osjećaj potrebe, već zajednička želja za kreiranjem nečeg većeg. To je veza u kojoj oboje napredujete, podržavate jedno drugo i kreirate život pun ljubavi, slobode i razumijevanja.

Kako ću znati da sam s Dušom partnerom?

Znat ćeš. Bez sumnje. Kada si s Dušom partnerom, osjećaš mir i slobodu. Ne postavljaš si pitanja jer ne osjećaš potrebu za tim – jednostavno *znaš* da si s "pravom" osobom za Tebe. Duša partner s Tobom dijeli isti smjer u životu, ne samo međusobnu povezanost.

Zašto svi ne uspiju naći svoju Dušu partnera?

Razlog je u tome što ljudi Svoju pažnju fokusiraju na ono što nemaju, a ne na ono što žele. Pristaju na manje i najčešće za to prebacuju odgovornost na drugog. Čak i kada osvijeste da su u stanju kreirati Svoje realnosti, ostaju previše usmjereni na činjenicu da njihov partner još nije došao. To stvara vibraciju nedostatka. Zakon privlačnosti odgovara na tu vibraciju i naprosto i oni i dalje žive realnost koja im to potvrđuje. Zato je važno razumjeti da se kreira fokusom na željenu emociju, a ne na odsustvo manifestacije u realnosti.

A kako mogu najbolje uskladiti svoju vibraciju kako bih manifestirala pravog partnera?

Kada prestaneš tražiti partnera iz osjećaja potrebe i postigneš emocionalni sklad sama sa Sobom, u Svojoj ćeš realnosti vidjeti ono što želiš. Usklađivanje s ljubavlju znači da postigneš osjećaj sreće, mira i ispunjenosti, bez obzira na to imaš li partnera. Kada postigneš vibraciju koju želiš, a prestaneš se brinuti o manifestaciji samog partnera, tada dolazi do manifestacije.

Kako da se uskladim sa sobom prije negoli manifestiram partnera?

Sklad sa Sobom postiže se fokusom na Tvoje emocije, a ne na partnera. Umjesto da juriš manifestaciju, usmjeri pažnju na Tvoje unutarnje stanje. Kada postigneš unutarnji mir, radost i osjećaj ispunjenosti, tada postaješ magnetski privlačna. Ljubav započinje iznutra, od Tvog odnosa sa samom Sobom.

Ako se prvo ne uskladiš sa Sobom, manifestirat ćeš osobu koja također nije u skladu sa Sobom, a to Ti neće donijeti sreću.

Kada se zaljubiš u sam život i uskladiš vibraciju ljubavi sa Sobom, manifestacija partnerske ljubavi doći će prirodno, bez napora.

A tko su djeca koju dobijemo?

Duše koje dolaze zbog vlastitog iskustva, radi ekspanzije vlastite Duše, baš kao i vi. I vi ste jednom bili ta djeca, zar ne?

Da, točno. A koja je uloga roditelja?

Da budu mentori, vodiči i podrška. Djeca su najbliža Izvoru, kada dolaze na svijet. Djeca su čiste Duše, bez predrasuda, bez ograničenja. Zadatak roditelja nije da ih oblikuju po Svojim željama, nego da ih podrže na njihovom putu. Djeca znaju tko su kada se rode. Ona dolaze usklađeni s Izvorom, osjećaju Svoje emocije i slijede ih. Roditeljstvo nije da ih vodite kroz život prema vašim željama, nego da im dopustite da ostanu usklađena s vlastitom Dušom i odabranim putem. I da se i vi prisjetite tko ste. Oni vas, ako ste pažljivi, podsjećaju na čistu radost, igru i slobodu koju ste možda zaboravili. Njihova autentičnost ne treba biti sputavana roditeljskim strahovima. Ako ih se pokušava oblikovati prema uvjerenjima koja su roditelji usvojili, a ni njima ne služe, vrlo brzo će i oni zaboraviti tko su uistinu.

Kako ih onda najbolje podržati?

Tako što ćete im vjerovati. U njihove snove, u njihove sposobnosti, baš kao što bi voljeli da netko vama vjeruje. I očekujte da budu sretni i ostvareni. Ako očekujete da će biti takvi, kreirate to u svojim realnostima.

Ali, ipak ih treba odgajati, zar ne?

Naravno. Ali iz mudrosti. A da biste to mogli, prvo je potrebno tu mudrost probuditi u Sebi. Dopustite im i da griješe. Ono što vi nazivate pogreškama prilike su za rast. Dopustite im da osjete posljedice svojih odabira. To je način na koji Duša ekspandira. Volite ih na način da ih podržavate u njihovoj slobodi. Najveći dar koji možete dati svojoj djeci je sloboda da otkriju vlastiti put.

Što bi mi rekla u jednoj rečenici kako biti najbolji roditelj na svijetu?

Biti sretan roditelj najbolji je dar koji možeš dati svom djetetu.

Predivno, predivno. Hvala ti na ovim objašnjenjima. Bi li mi mogla pokazati neku meditaciju koju mogu raditi za ljubav? Da je osjetim i da vibriram ljubavlju?

Naravno.

Opusti se, duboko udahni i zatvori oči. Ova će Te meditacija povezati s obiljem ljubavi koje je već prisutno u Tvom Životu, u svakom trenutku. Ova ljubav ne dolazi izvana, ona je Tvoje prirodno stanje, Tvoj Izvor.

Osvijesti Svoj dah. Duboko udahni i izdahni.

Osjeti kako svaki udah unosi mir, a svaki izdah odnosi sve što Ti više ne služi. Udah, mir... Izdah, otpuštanje. Diši tako nekoliko trenutaka dok ne osjetiš da su Tvoje tijelo i Um opušteni.

Sada pažnju usmjeri prema Svom srcu, Svom središtu ljubavi i života. Osjeti to srce koje Ti svakog trenutka šalje ljubav, čak i kad nisi svjesna toga. Osjeti da je Tvoje srce Izvor beskonačne ljubavi, neograničenog obilja koje postoji unutar Tebe.

Sada vizualiziraj blistavu, svijetlu energiju kako isijava iz Tvog srca. Ta se svjetlost širi kroz cijelo Tvoje tijelo, osjeti toplinu i nježnosti koja Te prožima. Zamoli ovu svjetlost ljubavi da Ti pokaže kako izgleda kad si potpuno uronjena u energiju ljubavi. Osjeti kako svaka stanica Tvog tijela vibrira, napunjena tom toplinom, tom ljubavlju.

Sad proširi tu ljubav prema van, zamisli da se širi izvan granica Tvog tijela, ove sobe, cijelog Tvog stana, zgrade u kojoj se nalaziš, da dodiruje svaku osobu, svaku situaciju i svaki kutak Svemira. Vidi tu ljubav kao mrežu koja Te povezuje sa svime što postoji, kao valove obilja koji putuju kroz prostor i vrijeme. Sve je već ispunjeno obiljem ljubavi. Tvoje ljubavi. Osjeti kako cijeli Svemir postaje odraz te ljubavi.

U Sebi polako ponavljaj: "Ja sam ljubav. Ja sam obilje. Ja sam ljubav i obilje koje se širi kroz Mene i koje dijelim sa svijetom."

Osjeti kako se svaki put, kada ponoviš ove riječi, Tvoja energija podiže i vibrira na frekvenciji ljubavi i obilja. Dopusti da Te taj osjećaj potpuno ispuni. Prepoznaj da ljubav nije nešto što trebaš tražiti ili privući. Ona je već ovdje, u Tvojoj suštini. Ti si već bogata ljubavlju, a ta Ti ljubav omogućuje da gledaš svijet iz pozicije obilja, a ne nedostatka. Osjeti kako ta ljubav transformira svaki trenutak Tvog života, kao dar koji uvijek imaš u Sebi. Dopusti si osjećati radost, mir i sigurnost koje obilje ljubavi donosi...

Polako se vrati u Svoje tijelo, svjesna svakog djelića Sebe, ispunjenog ljubavlju i obiljem. Dopusti tom osjećaju da se usidri u Tebi. Znaj da se uvijek možeš vratiti ovom osjećaju i osloniti se na ovu energiju ljubavi. Duboko udahni, izdahni i lagano otvori oči.

Ani je polako otvorila oči.

Hvala ti! Hvala ti na ovome. Zaista smo ljubav...

Petak

Jučer smo pričali o novcu i ljubavi. Danas želim da krenemo s još jednim segmentom života koji smatram najvažnijim, a to je naše zdravlje. Zašto ljudi obolijevaju?

Bolest je jednostavno signal, odraz unutarnjeg stanja. Na taj način, Tvoje tijelo komunicira s Tobom i govori Ti da je negdje u Tvom energetskom polju prisutna blokada ili disbalans. Bolest je poziv da se vratiš u sklad sa Sobom, da istražiš gdje si izgubila fokus na Svoju istinsku prirodu.

Ali, kako bolest može nastati samo zbog fokusa?

Bolest se ne javlja odjednom. Ona je posljedica niske vibracije nakupljenih misli i emocija koje nisu obrađene i koje blokiraju Tvoj energetski tijek. Tvoje je tijelo savršeni odraz Tvog unutarnjeg svijeta. Svaka negativna misao stvara otpor, a kad otpor postane prejak, tijelo ga počinje fizički manifestirati. To je način na koji Ti tijelo pokazuje da nešto trebaš promijeniti u Svom načinu razmišljanja ili vibracije.

Znači li to da sam ja sama kriva za bolest koja me zadesi?

Ne radi se o krivnji, već o razumijevanju da si kreator Svog iskustva. Bolest je manifestacija energije koja ti pruža priliku da prepoznaš i otpustiš disbalans unutar Sebe. Kada postaneš svjesna Svojih misli, osjećaja i uvjerenja, možeš ih preusmjeriti i time mijenjati svoju fizičku realnost, uključujući Svoje zdravlje. Nije li to dobra vijest?

Pa kad malo bolje razmislim, da. Na ovaj je način mogu i promijeniti.

A to je bolje nego misliti da ne mogu i prepustiti se sudbini. A kako se onda iscjeljujemo?

Iscjeljenje ne počinje u fizičkom tijelu. Ono počinje na razini Svijesti. Prvi je korak prihvaćanje sadašnjeg stanja bez osuđivanja, a zatim promjena fokusa na osjećaj zdravlja, radosti i unutarnjeg sklada. Kada promijeniš Svoju vibraciju i usmjeriš pažnju na zdravlje i Tvoje prirodno stanje koje je visoka vibracija, Tvoje će se tijelo početi prirodno prilagođavati toj novoj frekvenciji, a time će doći i do promjene u Tvojoj realnosti.

Tvoje tijelo nije samo fizička materija, ono je energija. Sve, uključujući Tvoje tijelo, vibrira na određenoj frekvenciji. Kada su Tvoje misli i emocije usklađene s frekvencijom zdravlja, Tvoje tijelo odgovara na tu promjenu. Lijekovi i tretmani mogu pomoći, ali istinsko iscjeljenje dolazi iznutra, iz promjene Tvog energetskog stanja. Ako se uzrok ne promijeni, posljedica će se vratiti.

Ali, nije li prirodno osjećati strah u tim trenucima?

Nije. Strah je naučen. Iz uvjerenja koja imate o bolestima. Strah je pokazatelj misli i uvjerenja u tim trenucima i znak da vaš fokus nije na onome što želite, nego na onome što ne želite. Ne morate odmah osjećati savršeno zdravlje ni forsirati pozitivne misli, nego krenuti malim koracima. Naći bilo što što vam pruža osjećaj olakšanja, sreće ili mira, a time ćete postupno podizati vašu vibraciju. To je proces.

A bol? Što je bol?

Bol je način na koji Tvoje tijelo komunicira s Tobom. Ona nije nešto negativno. Upravo suprotno. Da je nema, kako bi čula signal? Ona je tu da Te usmjerava da obratiš pažnju na Svoje misli, fokus i uvjerenja, a time i na odabire koje donosiš. Bol je poput svjetionika koji Ti pokazuje put prema iscjeljenju, traži Tvoju pažnju i preusmjeravanje na unutarnji sklad.

Zašto su neki ljudi stalno bolesni, a drugi skoro nikada?

To ovisi o njihovim uvjerenjima.

A kako se nositi s negativnim mislima koje stalno naviru u trenucima bolesti?

Negativne su misli prirodni dio života, ali Tvoja moć leži u tome gdje odlučuješ zadržati Svoj fokus. Kad negativna misao dođe, nemoj se boriti protiv nje. Prepoznaj je, prihvati je, a zatim svjesno odaberi drugu misao, onu koja Ti donosi više mira i radosti. Svaka misao je odabir, a iscjeljenje se događa kad odabereš misli koje podržavaju Tvoje zdravlje.

A što je s onima koji su sve to radili, a ipak napustili ovaj svijet?

Svaka je Duša na putovanju, a to putovanje nije vezano samo za ovo fizičko tijelo ili ovu vremensku crtu. Kada netko napusti ovaj svijet, to nije kraj, već transformacija. Duše dolaze i odlaze s dubokim razumijevanjem Svojih lekcija i uloga. Duše se odluče vratiti u ne-fizičko jer je ono po što su došli odrađeno.

One Duše koje odišu pozitivnošću tijekom Svojih dijagnoza imaju zadatak širiti svjetlost i u tim trenucima pokazuju drugima da je to moguće i tada.

Njihov odlazak s ovog svijeta nije 'pogreška' niti znak da su nešto pogrešno radili. Oni su završili jedan dio Svog putovanja i, povratkom u ne-fizičko, nastavljaju rast Svoje Svijesti. Svaka Duša bira trenutak i način povratka kući, ovisno o svojoj misiji. To što vi u tim trenucima to ne razumijete, ne znači da to nije tako.

A kako ćemo onda znati hoćemo li umrijeti zbog dijagnoze koju smo dobili?

Vaša Duša uvijek zna što slijedi. Kada ste povezani s njom, znate i vi. Većina vas bira da taj trenutak ostane nepoznat Egu kako biste bili prisutni u Sada. Dio vaše misije nije predviđanje kraja, već prisjećanje da život nikada istinski ne prestaje. Fokusirajući se na svjesno življenje i ljubav prema iskustvu, vi u svakom trenutku živite puninu Svog puta.

Zašto onda kreirati ozdravljenje, ako postoji šansa da ćemo umrijeti?

Itekako postoje ljudi koji se naprosto prepuste i osjećaju da je vrijeme da odu. Točno ih možete prepoznati po odabirima koje donose. Isto kao što postoje oni koji bez trunke sumnje znaju da će ozdraviti. I njih ćete s lakoćom prepoznati. No, većina ljudi ipak ne zna je li dijagnoza dio njihovog zemaljskog iskustva za rastom i daljnjom ekspanzijom na Zemlji ili put povratka kući.

Kreiranje ozdravljenja uvijek treba pratiti ova spoznaja, pa stoga treba kreirati iz mira i prihvaćanja. Kakav god rezultat bio, bit će najbolji za vas. S razine Duše. A to je za vas jedino i bitno.

Ako je sve vibracija, znači li to da se mogu izliječiti bez ikakve pomoći liječnika?

Vjeruješ li u to? Liječnici i medicina igraju važnu ulogu u vašim životima jer su dio fizičkog svijeta. I taj put može biti put do Tvog sklada i vibracije zdravlja. U tim trenucima ne postoji pogrešna odluka, samo usklađivanje s njom. Ako duboko vjeruješ da je to put do Tvog iscjeljenja, idi njime. Jer svakako nije ono izvanjsko što Ti pomogne, već opet sklad Tvog unutarnjeg bića s time. Ako Ti taj put donosi mir, to je znak da je najbolji za Tebe. Samo zapamti - sve izvanjsko je samo alat. Iscjelitelj je Tvoja Svijest.

Imam još samo jedno pitanje na ovu temu.

Znam.

Je li u tim trenucima važno meditirati?

S obzirom da je sklad sa onim tko istinski jesi ključan u trenucima bolesti, meditacija Ti uvelike pomaže u tome jer se time povezuješ sa Sviješću, koja je i dalje u savršenoj ravnoteži s Izvorom. Možeš meditirati na način da se uskladiš s vibracijom zdravlja i možeš meditirati da se povežeš sa zdravljem koje već jesi.

Idemo odraditi obje meditacije:

1. *Zatvori oči i dopusti da Tvoj dah postane smiren i prirodan. Udahni duboko i polako izdahni. Osjeti kako se svaki Tvoj udah puni svježom, čistom energijom, a svaki izdah odnosi napetost i stres.*

Sada se potpuno opusti.

Osjeti Svoje tijelo... Osjeti Svoju Svijest unutar svakog dijela tijela. Svjesno pošalji ljubav i pažnju svakom dijelu tijela – od stopala, nogu, preko trbuha, srca, ruku, pa sve do vrha glave. Dopusti si nekoliko trenutaka da osjetiš povezanost sa Svojim tijelom, kao da ga po prvi puta primjećuješ u svoj njegovoj snazi i savršenstvu.

Sada, zamisli svjetlo – svjetlo koje je simbol Tvoje najviše vibracije, Tvoje istinske frekvencije zdravlja i blagostanja. To je svjetlo koje dolazi iz Izvora, iz Tvojeg Višeg Ja. To je svjetlo, u osnovi, ono tko si Ti – vibracija ljubavi, harmonije i potpune ravnoteže.

Vizualiziraj to svjetlo kako ulazi u Tvoje tijelo kroz centar na vrhu glave. Osjeti kako to svjetlo putuje kroz Tvoje tijelo, ispunjavajući svaku stanicu, svaki organ, svaki mišić. Dok to svjetlo prolazi, ono nježno otpušta svaki energetski blok, svaku negativnu misao, svaku emociju koja Te sprječava da dosegneš potpunu harmoniju.

Diši duboko dok osjećaš kako to svjetlo putuje kroz Tebe.

Sada, dok si potpuno opuštena i ispunjena svjetlom, ponavljaj sa svakim dahom misli koje usklađuju Tvoju vibraciju sa zdravljem:

- *Udah: "Ja sam energija zdravlja."*
- *Izdah: "Moje tijelo zna kako se iscijeliti."*
- *Udah: "Ja sam savršeno usklađena sa zdravljem."*
- *Izdah: "Svaka stanica Mog tijela vibrira na frekvenciji zdravlja."*

Osjeti kako se svaki udah usklađuje s vibracijom zdravlja. Osjeti kako se Tvoje tijelo prisjeća Svog savršenog stanja, bez otpora, bez napetosti.

Sada, zamisli Sebe potpuno zdravu. U mislima stvori sliku Sebe kako se osjećaš snažno, vitalno, puno energije. Kako bi se kretala? Kako bi disala? Kako bi razmišljala? Ovaj osjećaj vitalnosti već postoji u Tebi. Sve što činiš sada je da se usklađuješ s tom verzijom Sebe.

Dok vizualiziraš ovu verziju Sebe, osjeti duboku zahvalnost za Svoje tijelo. Zahvali mu što Te vodi kroz ovo iskustvo, što Ti pruža priliku da rasteš i širiš se kroz Svoje iskustvo. Svaka stanica Tvog tijela odgovara na vibraciju zahvalnosti.

Ostani tako u stanju potpune harmonije i dopusti da osjetiš kako si usklađena sa zdravljem. Kako Tvoje tijelo reagira na Tvoju novu vibraciju. Osjeti olakšanje, radost, mir...

2. *Diši duboko. Osjeti Svoj dah kako ulazi i izlazi iz Tvog tijela. Svjesno promatraj svaki udah, osjeti mirnoću koja se širi kroz Tvoje tijelo sa svakim izdahom.*

Sada, počni osjećati prisutnost Svojeg Višeg Ja. To je onaj tihi, mirni dio Tebe koji zna sve. Tvoje Više Ja uvijek je povezano s Izvorom, uvijek je u harmoniji i uvijek svjesno Tvoje istinske prirode.

Osjeti tu povezanost... i shvati da Tvoje Više Ja već zna istinu o Tebi. Ono zna da si već Sada zdrava, cjelovita, ispunjena energijom i snagom. Ne moraš se popravljati, ne moraš težiti ka zdravlju – Ti već jesi zdravlje u svojoj srži.

Vizualiziraj to zdravlje. Osjeti ga duboko u Sebi. To je Tvoj prirodni, istinski aspekt. Tvoje Više Ja već vidi tu verziju Tebe – onu koja je potpuno usklađena, vitalna, puna energije i radosti.

Dok udišeš i izdišeš, osjeti kako je zdravlje Tvoje prirodno stanje. Zdravlje nije nešto što trebaš postići, to je nešto čega se trebaš samo sjetiti. Sjeti se da Ti nisi samo fizičko tijelo – Ti si energija, Ti si duhovno biće. I kao duhovno biće, Tvoje je prirodno stanje savršeno zdravlje i ravnoteža.

Izgovaraj u Sebi :"Sve što trebam već je u Meni."

Osjeti kako se Tvoje tijelo opušta jer ono prepoznaje ovu istinu. Osjeti kako svaka stanica Tvog tijela vibrira na frekvenciji zdravlja, ne zato što se mora mijenjati, nego zato što prepoznaje Svoju izvornu prirodu.

196

Sada, zamisli Sebe potpuno usklađenu sa svojim Višim Ja. Zamisli svjetlost koja izlazi iz Tvog unutarnjeg bića, iz Tvojih grudi, ispunjavajući cijelo Tvoje tijelo, Tvoju auru, svaki aspekt Tebe. To je svjetlo Tvoje unutarnje istine, Tvojih bezvremenskih sposobnosti i Tvoje urođene moći.

Osjeti kako nema nikakvog otpora. Sve se odvija u savršenoj ravnoteži. Ti već jesi ono što tražiš. Ti već jesi zdravlje. Svi su odgovori već u Tebi. Svi se procesi iscjeljenja odvijaju bez napora jer su već povezani s Tvojim Višim Ja, koje Te stalno vodi.

Dopusti Sebi da se potpuno opustiš u ovoj spoznaji. Ovdje, Sada, ništa ne moraš raditi. Sve što se od Tebe traži jest da se povežeš s onim tko već jesi – biće u potpunom zdravlju i harmoniji.

Udahni još jednom duboko i polako... Osjeti kako Ti tijelo pulsira energijom i snagom. Osjeti kako je lako prihvatiti Svoju pravu prirodu. Tvoje Više Ja uvijek je usklađeno, uvijek je zdravo, i uvijek Te podsjeća na Tvoju cjelovitost.

Sada, polako, vraćaj Svoju pažnju u ovaj trenutak, ali zadrži spoznaju da si već zdrava, već usklađena. Sa svakim korakom kroz dan, sjeti se tko si – biće beskonačnog zdravlja i vitalnosti.

Kada budeš spremna, polako otvori oči. Osjeti zahvalnost prema Svom tijelu, prema Svom Višem Ja i prema ovoj dubokoj povezanosti koju si upravo ponovno osjetila.

Zapamti: Zdravlje nije nešto što dolazi izvana.

Zdravlje si Ti. Uvijek si ga imala u Sebi.

Ajme, predivno! I ove su predivne. Sve meditacije, koje si mi dala, su predivne.

Najljepši osjećaj i jeste uvijek unutar, a ne van Tebe. I spajanje s onim tko jesi. Tu žive najveće istine. Zato ih i osjećaš na taj način.

Ja bih krenula dalje s pitanjima. Zašto je kreiranje često teško za mnoge ljude?

Kreiranje postaje teško kada ljudi nisu u potpunosti razumjeli njegovu pravu prirodu. Ako se čini kao napor, to je znak da postoji nesklad između onoga što žele i uvjerenja o tome kako kreiranje djeluje. Kreiranje nije proces u kojem koristite samo Um – ono je proces usklađivanja kroz emocije. Kada "veslaš uzvodno", to znači da pokušavaš ići protiv prirodnog tijeka života – kao da ne vjeruješ vlastitom energetskom tijeku. Ključ je naučiti "pustiti vesla", prepustiti se struji i otkriti lakoću kreiranja kroz dopuštanje. Tada kreiranje postaje ugodno i prirodno jer dopuštaš životu da Te vodi prema Tvojim željama.

Ali, ako se prepuštamo nizvodnom toku, zar to ne znači da gubimo kontrolu nad onim što želimo kreirati?

Zapravo, upravo suprotno. Kada se prepustiš toku, ne gubiš kontrolu nad kreiranjem, već otpuštaš otpor. Prepuštanje znači vjerovati da će Te energija života voditi prema Tvojim željama i još dalje, na načine koje možda ne možeš ni zamisliti. "Nizvodno" znači vjerovati procesu

i znati da je svaki korak na Tvom putu dio šireg plana. Kreiranje nije stalna kontrola, nego dopuštanje. Kada se uskladiš s lakoćom, Tvoje želje prirodno teku prema Tebi.

Znači, osjećaj da kreiranje mora biti naporno dolazi iz pogrešnog pristupa?

Da, točno. Kada osjećaš napor, to znači da kreiranje percipiraš kroz analitički, Umni proces. Ali, kreiranje je emotivno usklađivanje s vibracijom želje. Kada osjetiš težinu prilikom, recimo, vizualizacije, znači da radiš ”uzvodno”. Umjesto toga, oslobodi se napora i pronađi misli i aktivnosti koje Ti prirodno podižu vibraciju, čak i ako nisu direktno vezane za Tvoju želju. Najvažniji dio kreiranja je osjećaj lakoće, a taj osjećaj može doći kroz bilo koju radost koju sada osjećaš.

Što, ako ne osjećamo nikakvu emociju, kada vizualiziramo naše želje? Kako se nositi s tim?

Ako Ti je teško osjetiti emociju dok vizualiziraš, pođi od nečega što si već iskusila i što Ti donosi radost. Možeš prizvati sjećanje koje Ti budi sreću i uzbuđenje – ta emocija može podići Tvoju vibraciju jednako učinkovito kao vizija buduće manifestacije. Kreiranje ne ovisi o točnoj slici, nego o osjećaju koji ta slika budi. Kad se osjećaš dobro, vibriraš u skladu sa svime što donosi radost u Tvoj život.

Zašto se često osjećamo opterećeni metodama kreiranja, poput afirmacija ili vizualizacije?

Ako Te metode opterećuju, to znači da ih radiš na način koji stvara otpor. Svaka bi Ti metoda trebala podizati energiju, a ne stvarati napetost. Ako Ti afirmacija, vizualizacija ili bilo koja druga metoda postanu teret, samo zastani.

Dopusti si odmor, biraj ono što Te istinski veseli i osjećaš se opušteno. Kreiranje kroz metode treba biti lako jer tako znaš da si se uskladila s tokom. Ako neka metoda nije ugodna, ne moraš je raditi – već time dopuštaš životu da Te nosi "nizvodno", u lakoću.

Što učiniti, ako nas misli stalno ometaju i imamo osjećaj da ništa ne radimo po pitanju manifestacije?

Tvoj cilj nije stalna aktivnost, već usklađenost s vlastitim vibracijama radosti. Ako se osjećaš loše jer misliš da nisi učinila dovoljno, tada si u otporu prema Svojoj prirodnoj lakoći. Kod kreiranja nije riječ o stalnom radu, već osjećaju visoke vibracije. Ako misli postanu opterećujuće, samo si dopusti pauzu i sjeti se da Tvoje vibracije kreiraju sve. Kreiranje je emotivno usklađivanje – u redu je, čak i poželjno, pustiti.

Da, ali onda mogu imati misao: "Ako ne napravim metodu, ništa se neće dogoditi?"

Takve misli često dolaze iz uvjerenja da je metoda potrebna za manifestaciju. No, ono što zaista manifestira je Tvoja je vibracija lakoće i dopuštanja. Kada osjećaš stres jer misliš da nešto "moraš" učiniti, to je znak uzvodnog toka. Samo reci Sebi; "U redu je, ne moram sada ništa raditi" i osjeti olakšanje koje dolazi s tim.

Kreiranje je u tome da si dopustiš mir u svakom trenutku – kad otpuštaš napetost, otpuštaš i otpor. Kreiranje je prirodan proces i nikada ne smije biti naporno. Ako osjećaš teret metoda, to je znak da si "uzvodno".

Prestani s naporom i vrati se osjećaju radosti – može to biti bilo koja aktivnost koja Ti donosi mir. Kreiranje je uvijek emotivni proces. Dok god se osjećaš dobro, čak i kad ne radiš ništa konkretno za svoju želju, to je već kreiranje. Vibracija radosti i lakoće je ona koja manifestira. Tada je otpuštanje najbolji odabir koji možeš donijeti.

Otpuštanje?

Da, otpuštanje. Kada otpustiš, prestaješ vibrirati iz potrebe i počinješ vibrirati iz stanja netrebanja. Osoba koja grčevito drži do manifestacije, bilo da je to novac, ljubav ili zdravlje, vibrira iz nemanja. A vibriranje iz nemanja znači da odašilješ vibraciju koja ne dopušta manifestaciji da dođe. Otpuštanje Ti omogućuje da makneš otpor i vibriraš s lakoćom, bez očekivanja ili vezivanja za rezultat.

Kako da znam trebam li otpustiti želju ili se fokusirati na nju?

Otpustiti i fokusirati se dvije su strane iste kreacije. Manifestacija uvijek proizlazi iz Tvog unutarnjeg stanja, iz vibracije koju odašilješ. Kada imaš osjećaj imanja – kada se osjećaš usklađeno s onim što želiš – tada se događa manifestacija.

Otpuštanje znači da nisi vezana za ishod, da shvaćaš kako sreća i mir dolaze iznutra, a ne iz same manifestacije. No, fokusiranje na želju kroz vizualizaciju ili afirmacije može Ti pomoći da osjetiš radost i lakoću, kao da je to što želiš već ovdje. Oba pristupa, otpuštanje i fokusiranje, vode Te do stanja unutarnje usklađenosti i osjećaja imanja koji manifestira željeno u Tvoj život.

Znači, otpuštanje zapravo ne znači odustajanje od želje?

Tako je. Otpuštanje nije odustajanje. To je duboko povjerenje da Tvoja dobrobit nije uvjetovana tim ishodom. Kada otpustiš, prestaješ zadržavati želju iz mjesta potrebe ili nedostatka. Umjesto toga, šalješ poruku Svemiru: "Zahvalna sam sada, bez obzira na ishod." Otpuštanjem prepoznaješ da Tvoja sreća nije zaključana u toj želji, nego je već ovdje, Sada. I paradoksalno, baš u tom stanju unutarnjeg mira, bez napetosti i vezanosti, omogućuješ želji da se manifestira.

Ali, što ako ne mogu otpustiti? Što da radim tada?

Ako Ti je teško otpustiti, nemoj se prisiljavati – prisila samo stvara dodatni otpor. Umjesto toga, koristi metode poput vizualizacije, afirmacija ili čak i fizičkih aktivnosti koje Te ispunjavaju radošću. Takvi postupci mogu Ti pomoći podići vibraciju. Ključ je da, umjesto da osjećaš krivnju jer ne možeš otpustiti, postaneš nježna prema Sebi. Kreacija nije stroga ni zahtjevna, već je usklađena s lakoćom i radošću. Dovoljno je da odabereš ono što Ti pomaže osjećati se dobro u trenutku.

Kako da znam da sam zaista otpustila?

Znat ćeš da si otpustila, kada osjetiš mir i zadovoljstvo, bez obzira na to što se manifestacija još nije dogodila. Kada prestaneš stalno razmišljati o želji i dođeš u stanje gdje Ti je svejedno kada ili kako će doći, tada si usklađena s vibracijom obilja. To je osjećaj kao kod trudnice koja ne dvoji hoće li beba doći jer zna da je potrebno vrijeme da se dijete razvije do kraja.

S otpuštanjem osjećaš lakoću i slobodu jer vjeruješ procesu i Svom vlastitom putu.

Kako onda kombinirati otpuštanje i fokusiranje?

Najbolji način je da primjenjuješ obje metode naizmjenično, ovisno o tome što Ti donosi mir u trenutku. Ako možeš otpustiti, otpusti i vjeruj procesu, uživaj u sadašnjem trenutku i dopusti životu da Te vodi. Ako pak osjećaš da Ti otpuštanje izaziva nelagodu, tada se usmjeri na fokusiranje. Primjenjuj metode koje rezoniraju s Tobom kako bi podigla Svoju vibraciju na razinu obilja. Oba pristupa vode do iste vibracije – vibracije obilja, a to je sve što trebaš za manifestaciju.

Znači, oba pristupa daju rezultat?

Apsolutno. Bez obzira biraš li otpustiti ili se fokusirati, oboje Te vode do unutarnjeg osjećaja lakoće i zadovoljstva. Ako osjećaš mir i radost u otpuštanju, nastavi s tim. Ako Ti metode donose radost i podižu Tvoju vibraciju, uživaj u njima. Cijeli proces kreiranja oslanja se na Tvoje osjećaje. Kada osjećaš lakoću, već manifestiraš željeno, čak i prije nego što se pojavi u fizičkoj stvarnosti.

Zašto mi se otpuštanje čini teško?

Jer si naučena kontrolirati stvari i vjeruješ da, ako nemaš kontrolu nad nečim, nećeš dobiti ono što želiš. Ali, ta kontrola zapravo stvara otpor. Također, strahovi i uvjerenja Te često vežu za ishod.

Uvjerila si se da Ti je nešto potrebno za sreću, a u stvarnosti, sreća dolazi iznutra, iz načina na koji percipirati svijet, a ne iz vanjskih manifestacija.

Kako to mijenjati?

Uči preusmjeravanjem fokusa na sadašnji trenutak. Prvo, važno je osvijestiti da Ti manifestacija nije potrebna da bi bila sretna. Kada naučiš biti sretna u sadašnjem trenutku, bez obzira na manifestaciju, tada prirodno dolazi do otpuštanja. Također, kada se suočiš sa strahom ili željom, postavi si pitanje: "Kako mogu biti sretna Sada, bez ove manifestacije?". To Ti pomaže da otpustiš vezivanje za ishod i pronađeš sreću u sadašnjem trenutku.

Dakle, ako nisam sretna sada, neću biti sretna ni kada manifestacija dođe?

Točno. Ako ne naučiš biti sretna Sada, nikakva vanjska manifestacija neće Ti donijeti trajnu sreću. Manifestacija može donijeti kratkotrajnu radost, ali Tvoj će se fokus brzo prebaciti na nešto drugo što Ti nedostaje. Otpuštanje znači prepoznati da Ti manifestacija nije potrebna za sreću jer sreća dolazi iznutra.

A što, kada mi se dogodi nešto što ne želim? I prije svega, zašto nam se događaju loše stvari?

To su kontrasti. Oni su dio ove Tvoje Zemaljske priče i način na koji prepoznaš što uistinu želiš. Oni su dio Univerzalnog Zakona polariteta koji je, također, dio ovog Zemaljskog iskustva. Polaritet stvara kontrast koji Ti pomaže da jasno definiraš što želiš i što ne želiš.

Kontrast Ti nije neprijatelj, već alat za *usmjeravanje Tvoje energije prema željenim iskustvima.*

Svaki put kada iskusiš nešto neželjeno, postaješ svjesnija suprotnosti – onoga što želiš postići ili doživjeti. Spoznajom o ovom Zakonu i njegovoj svrsi prestaješ ga doživljavati kao prepreku i počinješ ga koristiti kao vodič.

Kada doživiš kontrast, automatski i istog trenutka postoji i njegova suprotnost, mogućnost rješenja i ekspanzije. U svakom izazovu već postoji skrivena prilika, a kontrast je put kojim je potrebno proći kako bi krenula ka toj prilici.

Bez njega ne bi imala toliku jasnoću želja jer i kroz iskustvo onoga što vam se ne sviđa, spoznajete ono što zaista želite. Zamisli kontrast kao gorivo za rast i ekspanziju. Kao učitelja koji Te usmjerava prema boljoj verziji Tebe same i Tvog životnog iskustva.

Baš zanimljivo. A kojim putem da idem da najlakše prestanem gledati na kontraste kao na nešto loše?

Kreni s podsjećanjem Sebe da kontrast nije tu jer Te netko kažnjava ili da Te povrijedi, već da Ti pokaže put. Ako kontrast promatraš kao nešto što Te osnažuje i donosi jasnoću, umjesto kao nešto negativno, Tvoja će se percepcija promijeniti. Kada doživiš kontrast, probaj pomisliti: "Što mi ovo iskustvo pomaže razumjeti o Mojim željama?" Tada će svaki kontrast postati prilika da se usmjeriš na ono što Te istinski ispunjava, umjesto da ga doživljavaš kao nešto loše.

Neka prvi korak uvijek bude prihvaćanje.

Da prihvatim kad mi se dogodi nešto loše?

Prihvaćanje nije isto što i mirenje s negativnim ishodom. Prihvaćanje je prepoznavanje da trenutna situacija postoji i da je dio Tvog iskustva upravo Sada. Kad prihvatiš situaciju, omogućuješ Sebi da otpustiš otpor prema njoj. Prihvaćanje donosi olakšanje, a olakšanje je pokazatelj da se Tvoja vibracija mijenja. Osjećaj olakšanja znak je da ideš u smjeru u kojem želiš.

A što, ako mi ostanak u kontrastu dugo traje?

Kontrast traje onoliko dugo koliko budeš držala fokus na njemu, a time i izazivala emocije koje će se tim fokusom i javljati. Dakle, trajanje kontrasta ovisi o Tvojoj percepciji i pažnji usmjerenoj na njega. Kada se suočiš s kontrastom, a zatim mu dodaješ još negativnih misli ili emocija, zapravo ga produžavaš jer ostaješ na istoj vibraciji. Kontrast će trajati dokle god si usklađena s vibracijom problema.

Kontrast nestaje kad promijeniš Svoj fokus prema njegovoj polarnosti ili suprotnosti odnosno prema željenoj situaciji, i uskladiš se s tom novom vibracijom.

Zapamti, trajanje kontrasta uvijek je pod Tvojom kontrolom. Percipiraj ga kao izazov koje je prolazno iskustvo, umjesto da ga doživljavaš kao trajni problem. Prihvati ga, usmjeri se prema olakšanju, a zatim prema rješenju. Svaki put kada usmjeriš misli prema boljem osjećaju, stvaraš temelj za promjenu i njegov kraj.

A zato neki ljudi nakon problema i loših događaja uspijevaju biti još sretniji, a neki ostaju zarobljeni u njima?!

Točno. Oni koji uspijevaju kroz kontraste razumiju ih kao priliku za rast, a ne kao prepreku. Kontrast im daje smjernice koje ih usmjeravaju prema onome što žele. Umjesto da se zadrže u vibraciji problema, oni svjesno biraju fokusirati se na Svoje želje, rješenja i pozitivne strane situacije.

Sad mi se nametnulo jedno pitanje. Kako je moguće prihvatiti realnost, a istovremeno je mijenjati? To mi izgleda da je nisam prihvatila.

Samo Ti izgleda. A evo i zašto. Prihvaćanje realnosti znači biti svjestan onoga što jeste, bez otpora i bez potrebe da to *osuđuješ*. Kada prihvatiš bez osude, otvaraš vrata promjeni jer ono što prihvaćaš prestaje imati moć nad Tobom. Zatim se fokus usmjerava prema onome što želiš, na primjer, vizualizacijom onoga što Te inspirira, a ne fokusiranje na ono što Te sputava.

Prihvaćanje je početak svakog pomaka, dok vizualizacija i fokus na željeno donose transformaciju. To znači prihvatiti, a istovremeno mijenjati. Najlakši primjer za Tebe da ovog trenutka to još bolje razumiješ je na primjeru osobe ovisne o alkoholu. Ona prvo mora prihvatiti da je u ovom trenutku ovisna o alkoholu. I iz tog prihvaćanja okreće fokus prema Svom iscjeljenju i radi korake potrebne da tu realnost promijeni.

U nekim sam knjigama vidjela da se realnost treba ignorirati. Je li to zapravo ovo čemu govoriš?

Da. Jer kao što prihvaćanje i kreiranje ne ide u isto vrijeme, tako je i s ignoriranjem.

Prihvaćanje realnosti prvi je korak prema kreiranju željenog. Kada prepoznate i priznate Svoju trenutnu situaciju bez otpora, stavljate se u položaj promatrača, što smanjuje otpor. Tek nakon toga možeš svjesno birati što želiš promatrati, tu okrećeš fokus novoj, željenoj stvarnosti. Ovdje nije riječ o negiranju, već o tome da odabireš više pažnje posvetiti onome što Te raduje, nego onome što Te ne ispunjava.

Pa dobro, je li život bez problema uopće moguć?

Odgovor na ovo pitanje je i da i ne. Život bez problema nije moguć, ako probleme gledate kroz tradicionalnu prizmu – kao prepreke. Na putu kroz život neizbježno se susrećeš s kontrastima i izazovima koji Ti služe za rast. No, život bez problema postaje moguć, kada promijeniš perspektivu. Kada problem prestane biti prepreka i postane prilika, tada više ne osjećaš teret problema, već Te

on usmjerava ka rješenju, osobnom razvoju i unutarnjoj, a time i vanjskoj ekspanziji. *Tako problemi prestaju biti opterećenje i postaju sastavni dio ispunjenog života.*

To znači da će doći do promjene percepcije pa ćemo time i imati osjećaj da problema nemamo. Jesam li dobro shvatila? I dalje će ih biti...

Život bez problema, kao bez ikakvih kontrasta, nije moguć jer vam upravo kontrasti pomažu u ekspanziji i otkrivanju onoga što zaista želite.

Kao što neuspjeh može biti podloga za budući uspjeh, tako problem može biti put do rješenja. Problemi, kada ih shvatite kako su i zamišljeni, kao privremene izazove, omogućuju vam da razvijate unutarnju snagu, širu perspektivu i mudrost koja će vam služiti i koju ćete koristiti u budućim životnim koracima. Svaki problem nalazi se na nižoj vibraciji od rješenja. Mijenjajući Svoj pogled na njega kao na priliku, automatski se usklađujete s vibracijom rješenja. Kad se problem pojavi, on je već u prošlosti, kao stara vijest. I gledajući ga tako, otvarate prostor za novu energiju i novu vibraciju na kojoj se rješenje već nalazi.

A kako se mogu najbolje prestati fokusirati na problem?

Kako bi preusmjerila fokus s problema, potrebno je svjesno birati misli koje Te vode prema osjećaju olakšanja ili radosti. Kako bi htjela da Tvoje rješenje izgleda? Vizualiziraj pozitivan ishod ili se sjeti situacija kada su se drugi problemi već riješili. Kako si se tada osjećala?

Možeš koristiti metodu "Ne bi li bilo lijepo...", gdje maštaš ili čak na glas izgovaraš o tome kako će sve izgledati kada se situacija riješi. Ako Ti prebacivanje fokusa u tim trenucima izgleda teško, posveti se nekoj aktivnosti koja Te opušta – uživaj u glazbi, prošetaj, druži se s prijateljima. Što god Ti u tom trenu donosi dobar osjećaj.

Kako da povjerujem u to da će se problem riješiti?

Probaj se prisjetiti koliko si puta prije mislila da se problem neće riješiti, ali ipak se na kraju riješio. Osvijesti koliko su puta rješenja dolazila spontano, čak i kad nisi znala kako će se sve odviti. Kada počneš vjerovati da se rješenja prirodno pojavljuju, lakše ćeš zadržati povjerenje u proces. Sada kad Ti je jasno kada i zašto se rješenje pojavi, imaš znanje pa Ti čak ni vjera nije toliko potrebna.

Što bi mi odgovorila da je najveća tajna manifestiranja?

Emocija. Mnogi misle da manifestacija dolazi kroz postupke poput afirmacija, vizualizacije, vision bord-a ili aktivnog fokusiranja na fizičku realnost koju žele kreirati. No, manifestacija počinje u unutrašnjem svijetu – u osjećaju koji doživljavaš dok se usklađuješ s vibracijom željenog. Kada osvijestiš i usmjeriš Svoju emociju na radost, mir i ispunjenje, Ti zapravo već manifestiraš. Sve što tražiš izvana zapravo već postoji u Tvom unutrašnjem svijetu – *emocija je uvijek prva manifestacija.*

Možeš li mi to još malo pojasniti?

Emocija je kompas Tvoje Duše, pokazatelj smjera i refleksija Tvoje vibracije. Kad osjetiš radost, mir ili ljubav, već se krećeš prema realnosti koju želiš. Vanjski događaji samo su odgovor na Tvoje unutrašnje stanje. Kad se fokusiraš na emociju, na trenutnu vibraciju obilja, vanjska se realnost samo usklađuje s Tobom. Tako postaješ ona koja kreira iznutra prema van, svjesna da je osjećaj taj koji otključava vrata svih Tvojih želja. Emocija je uvijek *početak* fizičkog puta ka željenom – prvo u obliku unutarnjeg osjećaja, a zatim kao rezultat u Tvom vanjskom svijetu.

Zato neki misle da manifestiranje ne donosi rezultat. Nisu razumjeli da je poanta u emociji?

To su oni koji prvo traže potvrdu izvana. A ona nikada neće doći na taj način. A to im je jedini način na koji traže potvrdu. I kada ne vide fizičku potvrdu, oni zaključuju da manifestiranje ne djeluje. No, istina je posve suprotna. Manifestacija počinje iznutra, kroz emociju i vibraciju. Manifestiranje *isključivo* djeluje, prvo na razini emocija i vibracije pa onda u fizičkoj stvarnosti.

Znači, treba prestati čekati vanjsku manifestaciju kao potvrdu?

Oni koji čekaju da se manifestacija pojavi kako bi se osjećali ispunjeno, zapravo šalju signal da već sada nisu ispunjeni, što odgađa manifestaciju. Prava moć leži u Tvom unutrašnjem svijetu. Sve što želiš zapravo želiš zbog osjećaja koji misliš da će Ti manifestacija donijeti. Želiš partnera jer vjeruješ da ćeš se osjećati ispunjeno ili želiš bogatstvo jer vjeruješ da ćeš se osjećati slobodno.

Kada prepoznaš da Ti emocija ljubavi i slobode može biti dostupna Sada, neovisno o fizičkoj manifestaciji, zapravo se oslobađaš ovisnosti o vanjskom svijetu. **Upravo tada manifestacije dolaze lako i bez napora jer vibriraš iz stanja potpune slobode i lakoće. Vanjski su dokazi samo odgovor na Tvoju unutarnju radost i mir.**

Postoji li nešto po čemu ću znati da dobro radim? Da uskoro stiže i vanjska promjena?

Da. Kada se u istoj realnosti počneš osjećati drugačije.

Kad reagiraš mirno na ono što Te nekad uznemiravalo, to je znak da si promijenila vibraciju. Na primjer, kada više ne osjećaš frustraciju zbog trenutnog stanja, već mir i uvjerenje u promjenu, tada šalješ signal univerzumu da si spremna za novu stvarnost.

Dobro, razumjela sam je li moguće živjeti život bez problema. A je li moguće živjeti život bez straha?

Apsolutno je moguće. Strah je, u svojoj osnovi, rezultat vaših misli – posebice onih koje se vrte oko mogućih negativnih ishoda i te vam misli stvaraju osjećaj straha. Kada naučite ostajati u sadašnjem trenutku bez odlaska u budućnost u scenarije koje ne želite da se dogode, oslobađate Um od izmišljenih scenarija, a time i od emocije straha. Ključ je u vježbanju Uma da bude prisutan jer u sadašnjem trenutku strah nema prostora da opstane.

Kako strah nastaje?

Strah se rađa iz zamišljenih scenarija u Umu o tome što bi se moglo dogoditi. U tim trenucima dopuštate mislima da lutaju prema mogućim neželjenim ishodima, što stvara osjećaj nesigurnosti i uzrokuje tjelesne simptome poput ubrzanog rada srca, znojenja i panike. No, važno je razumjeti da se većina tih scenarija nikada neće dogoditi – oni su jednostavno proizvod vašeg Uma, a ne realnost.

A postoji li strah koji nam može služiti?

Da, postoji. Strah koji vam može služiti je onaj koji je vam je koristan jer vas štiti od opasnosti.

On se javlja se u trenucima kada ste suočeni sa nekom stvarnom prijetnjom, kao što je približavanje rubu litice ili opasna vožnja. Onaj koji vam ne služi, s druge je strane paralizirajući i nije vezan uz stvarnu prijetnju – to su strahovi od situacija poput javnog nastupa, neuspjeha ili strah od tuđeg mišljenja. *Strah koji vam ne služi onaj je koji vas sprječava da živite punim plućima i ograničava vašu slobodu i iskustva.*

Kako da točno znam da mi strah koji osjećam služi?

On se javlja se u trenutku stvarne opasnosti i nestaje kada ta situacija prođe. **Primjerice, strah koji možda osjećaš kada netko vozi prebrzo ili se približavaš nekoj opasnoj situaciji. Da, on se također javio jer si izašla iz sadašnjeg trenutka u scenarij koji ne želiš da se dogodi, ali je on obrambeni mehanizam koji te usmjerava prema sigurnijim odabirima. Kada situacija prođe, taj strah prestaje, što ga čini konstruktivnim u određenim situacijama.**

A onaj koji mi ne služi?

Taj bi čak i mogli nazvati kroničnim i često nije povezan s realnim prijetnjama. Prepoznat ćeš ga po tome što Te prati i kada nema stvarne opasnosti, poput straha od neuspjeha ili klaustrofobije. On Te ograničava i sputava bez realne osnove. Takav je strah obično ukorijenjen u mislima i uvjerenjima koja nemaju temelja u stvarnosti, ali oblikuju Tvoju svakodnevicu. Najbolji način da ih razlikuješ je prema njihovom trajanju i vrsti situacija u kojima se javljaju.

Strah koji Ti služi javlja se u realnoj situaciji i nestaje kada ona završi, dok je strah koji Ti ne služi stalan, bez obzira na stvarnu opasnost. *Ako vidiš da drugi ljudi svakodnevno obavljaju ono čega se Ti plašiš, to je obično znak da se radi o iracionalnom strahu, kojeg možeš prevazići.*

Kako se riješiti tih iracionalnih strahova?

Prvi je korak prepoznavanje da su ti strahovi rezultat Tvojih misli, a ne stvarne opasnosti. Kada osvijestiš da je strah utemeljen u Tvom Umu, možeš početi raditi na promjeni Svojih misli. Prihvati taj strah bez osuđivanja, ali ga i preispitaj – često ćeš uvidjeti da nema realnu osnovu. Postupno mijenjanje Tvojih uvjerenja omogućuje Ti da transformiraš način na koji doživljavaš te strahove i prestaneš biti njihov zarobljenik. Kontrola straha počinje sa svjesnim odabirom misli i prisutnosti u sadašnjem trenutku. Meditacija je moćan alat koji Ti pomaže da osvijestiš Svoje misli, prepoznaš strah u nastajanju i svjesno biraš kako ćeš reagirati. Kada se povežeš sa sadašnjim trenutkom, postaješ smireni promatrač Svojih misli, što Te oslobađa od strahova o budućnosti i prošlosti. *Poanta je naučiti ostati u Sada.* Tu strah ne postoji.

Mi se zapravo trebamo izboriti protiv negativnih misli?

Protiv ničega se ne trebaš boriti. Sve samo trebaš razumjeti. Borba protiv negativnih misli samo pojačava njihov učinak. *Kada se boriš protiv nečega, zapravo time daješ energiju i fokus, što to protiv čega se boriš činiš jačim.* **Prihvati ih kao dio Tebe, kao dio ovog ljudskog iskustva. Umjesto da pokušavaš "izbaciti" negativne misli, bolje ih je prepoznati, prihvatiti i razumjeti. Kad prestaneš pružati otpor i samo kažeš: "U redu, ovo je negativna misao, ona je tu, ali Ja ne moram sudjelovati u njoj", već tada mijenjaš vibraciju. Shvatiš da misli ne moraju kontrolirati Tvoje osjećaje. Kada postaneš svjesna da si Ti kreator Svojih misli, tada imaš moć birati u kojim mislima ćeš sudjelovati, a u kojima nećeš.**

Prvo i najvažnije, nemoj se nikada forsirati da odmah prebaciš negativne misli u pozitivne. To često nije moguće i može Te samo još više frustrirati. Ono što možeš učiniti je prihvatiti trenutnu misao, umjesto da se boriš protiv nje. Možeš reći sebi: "Dobro, Sada imam negativnu misao. To je u redu. To je samo trenutni fokus." Zatim, umjesto da se trudiš odmah misliti pozitivno, potraži misao koja će Ti donijeti bar malo bolji osjećaj. Ona je tu. Bila je i prije i, zbog Tvog prihvaćanja negativne misli, sada će Ti biti dostupnija nego prije.

Na primjer, ako osjećaš strah i nesigurnost zbog neke situacije, umjesto da pokušavaš misliti: "Ja sam savršeno sigurna", što Ti se u tom trenutku itekako može činiti lažno, možeš pomisliti: "Dobro, sada je teško, ali prošla sam kroz teške stvari i prije." Ovakve misli dovoljno su općenite da možeš povjerovati u njih i da Ti izazovu olakšanje, a time i promjenu emocije koju osjećaš.

Maloprije si rekla da je meditacija moćan alat da osvijestimo misli i prepoznamo strah u nastajanju. Ako je strah izlazak iz sadašnjeg trenutka u scenarije koje ne želimo da se dogode, zapravo je strah uzrokovan negativnim mislima.

Zapravo nam meditacija može pomoći protiv negativnih misli, zar ne?

Meditacija je ključan alat za postizanje mira i tišine u Umu. Kada meditiraš, ulaziš u stanje bez misli, što Ti pomaže da doživljavaš to iskustvo sve više. Da osjetiš kako je imati prazan Um. Da osvijestiš u kolikom si miru tada. I kada jednom to postigneš i iskusiš, to Ti pomaže da prepoznaš razliku između stanja mira i stanja kada su misli aktivne. Kada tako postigneš mir, postaješ svjesnija trenutaka kada misli počnu dolaziti i tada imaš mogućnost birati želiš li sudjelovati u toj misli ili ne. Meditacija Te uči kako ne sudjelovati u negativnim mislima, nego im samo dozvoliti da prođu, kao oblaci na nebu. Što više meditiraš, to više razvijaš tu sposobnost i tada negativne misli potpuno gube svoju moć nad Tobom.

Negativne su misli dio Tvog iskustva i nema potrebe boriti se protiv njih.

Prihvaćanje njih kao dijela ovog Tvog Zemaljskog iskustva, oslobađa Te pritiska i mišljenja da negdje griješiš i omogućuje Ti kontrolu. Redovitom meditacijom, podizanjem vibracije svakodnevno i svjesnim izborom misli, možeš razviti vještinu prepoznavanja negativnih misli i usmjeravanja Svoje pažnje prema onome što Ti služi.

Spominješ kontrolu. Željela bih te pitati o njoj. Zašto mi svi imamo želju za kontrolom i imamo li je uopće?

Želja za kontrolom dolazi iz uvjerenja da ćete se osjećati sigurnije i stabilnije, ako upravljate svim aspektima Svog života.

Kada želite imati kontrolu nad svime, u osnovi tražite osjećaj sigurnosti i jasnoće jer vjerujete da će vanjske okolnosti donijeti mir koji želite. No, ovo je također iluzija jer vanjska kontrola nikada neće pružiti stvarnu stabilnost. Ona dolazi iznutra, iz vašeg usklađivanja s onim tko vi zaista jeste.

Da. Vi imate kontrolu. I to u najvažnijem aspektu života za vas. *A to je kako ćete se osjećati.* Time nitko osim vas ne može upravljati. Vanjske okolnosti nisu nešto što trebate kontrolirati, već nešto što će se reflektirati ovisno o vašem unutarnjem stanju. Stoga, kada se uskladite s unutarnjim mirom i povjerenjem u proces života, otkrivate da ne morate upravljati vanjskim stvarima kako biste pronašli mir i sigurnost u proces života. Prisjećajući se da ste kreator vlastite vibracije, otpuštate potrebu za kontrolom nad svim što se događa.

Je li razlog za kontrolom isti kada ljudi žele kontrolirati druge ljude?

Potreba za kontrolom drugih ljudi proizlazi iz straha i nesigurnosti. Kada ljudi nastoje kontrolirati druge ljude, pokušavaju – upravljajući na silu drugima – prilagoditi ih vlastitim očekivanjima. Jer tada misle da bi imali sigurnost da će život izgledati kako oni žele, a time i da će se oni dobro osjećati i imati mir. Do sada Ti je već jasno da se to nikada neće desiti. Jer nikada nećete uspjeti do kraja kontrolirati druge ljude, a i da uspijete, tu mir ne stanuje. Jer on ne dolazi izvana. Pretpostavimo i da uspiju.

Opet ne bi imali mir jer bi opet živjeli u strahu da već sutra to neće uspjeti i opet bi tražili načine kako da i sutra kontroliraju druge.

Ali, imam osjećaj da ako prestanem nešto kontrolirati, izgubit ću osjećaj odgovornosti za svoj život?

Upravo Ti taj loš osjećaj govori da imaš uvjerenje koje Ti ne služi. Da Ti služi, osjećala bi se dobro u ovim mislima. Zapravo je upravo suprotno! Kada otpustiš potrebu za kontrolom izvanjskih stvari, preuzimaš veću odgovornost za ono što je istinski važno – za vlastiti unutarnji svijet, reakcije i percepciju života. Prava odgovornost znači shvatiti da Tvoja moć leži u Tebi, a ne u vanjskim okolnostima. Otpustiti kontrolu znači vjerovati da si sposobna nositi se sa svim što Ti život donosi, iz mjesta unutarnjeg mira i povjerenja.

Da, razumjela sam. A što točno mogu učiniti, ako osjećam da, primjerice moj posao ili život idu u smjeru kojim ne želim, a ne mogu to kontrolirati?

Prvo, prihvati spoznaju da ne možeš uvijek utjecati na vanjske promjene, ali da uvijek možeš birati kako ćeš na njih reagirati. Kada prihvatiš da neke stvari ne idu po planu, fokusiraj se na prilike koje se otvaraju unutar tih promjena. Postavi si pitanje: "Što mogu naučiti iz ove situacije?" ili "Kako mogu rasti kroz ovo iskustvo?". Kroz ovakav ćeš se pristup prestati osjećati kao žrtva situacije i preusmjeravat ćeš fokus prema rješenjima i unutarnjem rastu. A s time će se mijenjati i to kako se osjećaš.

A, što je s bliskim osobama za koje mislimo da im zaista pomažemo, ako ih kontroliramo?

Zapitajte se vjerujete li da uistinu znate što je najbolje za njih. Svaka osoba ima Svoj put i Svoje lekcije. Najviše im pomažete, kada ih podržavate, umjesto da ih kontrolirate. Naravno da možete savjetovati i usmjeriti, ali to nije kontrola. Važno je da im naučite vjerovati i time dopustite da dožive vlastita iskustva. Kada otpustite kontrolu, i njima otvarate prostor za autentičan rast, u kojem i sami imaju priliku učiti kroz vlastita iskustva.

Da. U pravu si.

A što da radim s tim?

S čim? Ne razumijem.

Pa s tim pravom?

Ani se nasmije na to: "Pa ne znam. Samo kažem."

I Ja. Biti u pravu nije nešto što inspirira ni Mene ni Tvoju Dušu.

Vidi, vidi! Ha! Zanimljivo. A zašto onda ljudi žele biti u pravu? Nama je to kompliment.

Ljudi koji žele biti u pravu često to čine iz nesigurnosti u vlastite misli, uvjerenja ili percepciju stvarnosti. To je traženje potvrde od drugih kako bi se osjećali sigurno i kako bi potvrdili Svoju istinu. Potreba da im drugi priznaju ispravnost otkriva njihovu unutarnju nesigurnost.

Prava snaga dolazi iznutra, iz osjećaja sigurnosti u vlastitu vrijednost i percepciju, a ne iz vanjske potvrde.

Sad mi je onda jasno zašto tebi to ne znači. A kako da mi prestanemo težiti tome da budemo u pravu?

Prvi je korak da shvatite da nije važno što drugi misle ili govore, nego kako se vi osjećate u vezi sa Svojim uvjerenjima. Kada vam postane važnije kako se osjećate nego je li vaše mišljenje potvrđeno, počinjete se usklađivati sa Svojom unutarnjom istinom. I sa Mnom. Umjesto da pokušavate uvjeriti druge u Svoju ispravnost, usmjerite se na unutarnji mir i ravnotežu. *Važnije od toga jeste li u pravu, treba vam biti jeste li u miru.*

Ako tijekom rasprave ili dokazivanja osjećate ljutnju, frustraciju ili nervozu, to je znak da niste u skladu s dubljom, mirnijom perspektivom

Svog ne-fizičkog bića. Ono ne treba potvrdu ili uvjerenje da je u pravu jer njegovo iskustvo dolazi iz dublje razine prihvaćanja i ljubavi. Negativna emocija koju osjetite u dokazivanju Svojih istina drugima vam samo daje do znanja da je vaša perspektiva trenutno u raskoraku s onim kako bi vaša Viša Svijest pristupila toj situaciji.

Kako se osjećati u miru kad se drugi ne slažu s nama?

Kad se suočite s neslaganjem, možete reći ili čak u Sebi promisliti: "Da Ja vjerujem to što Ti vjeruješ, i Ja bih tako mislila." Ovom rečenicom osvještavate Sebi da su tuđa uvjerenja ta koja kreiraju njihovu percepciju i ona vam omogućuje da poštujete drugačiju percepciju stvarnosti, bez potrebe za sukobom ili dokazivanjem.

Na ovaj način ostajete u miru jer vam vlastiti osjećaj usklađenosti postaje važniji nego potreba da vam drugi priznaju ispravnost. Prihvaćanje različitih pogleda oslobađa vas od unutarnjeg pritiska i daje vam osjećaj slobode nad Egom koji u ovakvim trenucima osjeća snažnu potrebu da dokaže svoju ispravnost da bi se osjetio vrijednim. Ostankom u miru, uskladili ste se s vašom Dušom nema koja potrebu za dokazivanjem vlastite vrijednosti. Uskoro ćete shvatiti da ste cijelo vrijeme i tražili mir, ali kroz tuđu potvrdu.

Onda je i ljutnja uzrokovana samo našom percepcijom, zar ne?

Ljutnja je emocija koju sami Sebi izazivate kroz vlastite misli, fokuse i uvjerenja da vas netko ljuti, a zapravo sami Sebi stvarate tu emociju putem te osobe koja služi kao "okidač". Ljutnja nije rezultat stvarnih postupaka drugih, već vašeg doživljaja situacije. Kad dozvolite da vas netko naljuti, zapravo mu predajete moć nad vlastitim emocijama.

Možeš li mi to malo pojasniti?

Sve što doživljavate kao postupke drugih prema vama zapravo proizlazi iz vašeg unutarnjeg doživljaja, a ne iz njihove namjere. Na primjer, kada netko koga iz nekog razloga ne volite nešto učini, skloni ste to odmah interpretirati negativno. Isti biste taj čin, izveden od nekoga koga volite, tumačili drugačije. Ovo znači da ljutnja više govori o vašim uvjerenjima i percepcijama, nego o stvarnim postupcima drugih.

Kako onda promijeniti svoju ljutnju?

Prvi je korak prepoznati i osvijestiti ljutnju.

Pitanjem: "Što Me točno ljuti u ovoj situaciji?", osvijestit ćete misli i uvjerenja koja vam zapravo izazivaju ljutnju i to će vam pomoći u sagledavanju vlastitih misli koje pokreću emociju. Zatim, razumijevanje druge osobe. Kada pokušate razumjeti ponašanje druge osobe, otvarate prostor za suosjećanje i time olakšavate Sebi. Ovakav način sagledavanja ljutnje pomaže vam da je promijenite i pronađete unutarnji mir. Na ovaj način zaustavljate automatsku reakciju.

S vremenom ćete postajati sve vještiji u prepoznavanju ljutnje prije nego što se potpuno razvije. Postoji još jedna pitanje koje se u tim trenucima možete pitati: "Što bi sad učinila ljubav?". S ovim pitanjem Sebe podsjećate da donosite odluke iz ljubavi, a ne iz ljutnje ili osude. Kada se suočite s izazovom, postavljanje ovog pitanja usmjerava vas prema suosjećanju i razumijevanju. *Ljubav će vam uvijek pomoći da reagirate na način koji doprinosi miru, a ne sukobu.*

Da. Zato svi mudri ljudi govore o oprostu kao najljepšem činu ljubavi koji radimo za sebe, zar ne?

Da. Oprost je vaš poklon vama. On vam pomaže da se oslobodite emocionalnog tereta koji ljutnja nosi sa sobom. Dokle god ste ljuti ili zamjerate nekome, vezani ste za tu osobu kroz energiju niske vibracije. Oprostom preuzimate kontrolu nad Svojim emocijama i životom, oslobađajući se od prošlosti i dajući si priliku da živite u miru i skladu sa onim tko istinski jeste. Kada opraštate, ne opravdavate tuđe postupke, Vi Sebe puštate s ljubavlju da krenete dalje.

Ako na sve možemo gledati i iz druge perspektive, onda možemo i ljutnju. Ili?

Točno. Možete i ljutnju. Ljutnja je korak naprijed, ako ste prije toga osjećali nemoć. Nemoć je za vas najniža vibracija jer je najudaljenija od istine tko vi istinski jeste. A kada osjetite ljutnju, to je znak da vraćate Sebi osjećaj kontrole i potrebu za djelovanjem. A to je, u tim trenucima, dobar smjer za vas.

To ne znači da trebate ostati u ljutnji, ali ona vam u trenu daje veće olakšanje od osjećaja nemoći. Ljutnja se percipira negativno jer se povezuje s gubitkom kontrole i agresijom. Naučeni ste da je trebate potiskivati, no u stvarnosti ona može biti korak prema samopouzdanju i zauzimanju za Sebe, posebno kada dolazi nakon osjećaja nemoći. Ključno je da je vidite i shvatite primjenjivati kao alat za podizanje vibracije.

Ona, ako se koristi kako treba, može pokrenuti energiju koja vas motivira za akciju. Kada izađete iz stanja pasivnosti odnosno nemoći, ljutnjom – iako je i dalje emocija niske vibracije – dobivate osjećaj snage i motivaciju za promjenu. Ako prepoznate ljutnju kao signal koji vam pomaže u fokusiranju na rješenja i konstruktivne akcije, možete je itekako koristiti kao sredstvo za kreiranje promjena. Cilj je prepoznati ljutnju kao fazu prijelaza kroz emocije niske vibracije te se nakon toga pomaknuti prema pozitivnijim emocijama, kao što su razumijevanje, oprost ili suosjećanje. Ovim ćete pristupom ljutnju koristiti kao alat za vlastiti rast. Preuzmite odgovornost za vlastite emocije i samo time ćete biti u stanju upravljati njima.

A što je zapravo odgovornost i koliko je važna u kreiranju realnosti?

Odgovornost znači preuzimanje kontrole nad vlastitim životom i prihvaćanje da vi sami kreirate Svoju realnost putem misli, fokusa, uvjerenja, a time i izbora koje donosite zbog toga.

Prihvaćanjem odgovornosti prestajete biti žrtve okolnosti i postajete kreatori vlastite sudbine. Ovo ne znači krivnju, već oslobođenje i moć za pozitivne promjene. Kada odlučite preuzeti odgovornost, započinjete proces kreiranja života kakvog želite.

Zašto neki ljudi odbijaju preuzeti odgovornost?

Odbijanje odgovornosti često proizlazi iz straha i uvjerenja koje ljudi usvoje tijekom života, obično kroz odgoj, okolinu i osobne doživljaje. Održavanje uloge žrtve pruža osjećaj sigurnosti jer podrazumijeva prebacivanje krivnje na vanjske čimbenike. Mnogi ljudi nisu imali priliku naučiti o konceptu kreiranja vlastite realnosti i ne razumiju da odgovornost daje slobodu. Preuzimanje odgovornosti zahtijeva promjenu perspektive i oslobađanje od starih uvjerenja, što za mnoge može biti izazovno. Ljudi često odbijaju preuzeti odgovornost jer vjeruju da ih to štiti od neugodnih emocija i osjećaja krivnje ili srama.

Um im sugerira da je lakše okriviti vanjske okolnosti ili druge ljude za Svoje nezadovoljstvo nego prepoznati vlastitu ulogu u kreiranju iskustava. No, ovakav stav dolazi iz osjećaja nemoći – uvjerenja da nemaju istinsku kontrolu nad Svojom realnošću.

Kada se oslobodite uloge žrtve i shvatite da svaki trenutak nosi mogućnost odabira, postajete svjesni da preuzimanjem odgovornosti zapravo oslobađate Sebe. Tada nije važno tko je kriv, već kako možete oblikovati vlastiti život u skladu s onim što želite.

Kako preuzimanje odgovornosti mijenja naš život?

Preuzimanje odgovornosti donosi osjećaj slobode. Kada shvatite da je vaš život u vašim rukama, sama ta promjena perspektive vam omogućuje da počinjete vidjeti prilike umjesto prepreka, a izazove doživljavate kao priliku za rast. Vaše odluke postaju usklađene s vašim ciljevima, što vas vodi prema boljem životu. Prestajete koristiti izgovore i usmjeravate energiju na traženje puta i rješenja.

Kako to izgleda u svakodnevnom životu?

Svaki put kada se suočite s izazovom, postavite sebi pitanje: "Što mogu učiniti da promijenim ovu situaciju?" i "Koristim li izgovor ili razlog?". Razmotrite situacije u kojima obično koristite izgovore i pokušajte ih zamijeniti akcijama koje će vam pomoći da napredujete. Svjesnost i iskrenost prema Sebi ključne su za razvijanje odgovornosti u svakodnevnim situacijama.

Subota

Jučer si pri kraju našeg razgovora spomenula izgovore. Htjela bih od toga krenuti. Kako da znam imam realan razlog ili koristim izgovor?

Razlika leži u razini svjesnosti i upravo u preuzimanju odgovornosti. Izgovor znači izbjegavanje odgovornosti i opravdanje zašto nešto niste učinili. O razlogu se radi, kada je u pitanju situacija na koju niste imali utjecaj i koju svjesno prihvaćate kao dio stvarnosti. Ako u tim trenucima postavite Sebi pitanje: "Jesam li mogla nešto promijeniti u ovoj situaciji?" i "Jesam li mogla donijeti i drugačiji izbor?" i odgovor je potvrdan, u pitanju je izgovor. Kada je situacija izvan vašeg utjecaja, odgovor bi bio negativan i onda je to razlog.

Kako prekinuti taj krug korištenja izgovora?

Svjesnošću o tome. Svaki put kada se suočite s izazovom, zapitajte se: "Što bi osoba koja preuzima odgovornost učinila u ovoj situaciji?" Ili: "Što bi osoba koja voli Sebe odabrala?". Time preusmjeravate pažnju s opravdanja na rješenja. Prepoznavanje odabira koje svakodnevno donosite pomoći će vam razviti nove navike i način razmišljanja koji će biti usmjeren na preuzimanje odgovornosti.

Da. Izgovor koji najčešće čujem je "Nemam vremena." Sad shvaćam da je to izgovor, a ne razlog, zar ne?

„Nemam vremena" često je prikriveni izgovor kojim ljudi opravdavaju Sebi i drugima zašto ne rade stvari koje bi doprinijele kvaliteti njihovog života.

U stvarnosti, vrijeme prije svega ne postoji, ali u iluziji u kojoj jeste uvijek ga imate. Samo ga ljudi troše na mnoge aktivnosti, a ne one koje bi im poboljšale kvalitetu života. To znači da to kakve će kvalitete biti njihov život, njima nije prioritet. Razumijevanje ovoga pomaže vam da, umjesto izgovora "Nemam vremena", počnete preuzimati odgovornost za Svoje prioritete.

Molim te, pojasni mi da je vrijeme iluzija i da zapravo ne postoji, a svi ga doživljavamo tako stvarnim.

Vrijeme je iskustveni alat koji koristite u fizičkom svijetu kako bi mogli redati događaje jedan za drugim i lakše razumjeti proces promjena i imati ovo iskustvo. Međutim, u stvarnosti, svi vaši trenuci postoje istovremeno, Ovdje i Sada. Percipirate linearnost vremena jer vam to omogućuje fokus na jednu verziju stvarnosti, dok su svi mogući ishodi već dostupni. Doživljavate samo Sada kako bi se mogli fokusirati na ono što se trenutno događa, iako su svi drugi mogući trenuci već tu, samo ih sada ne vidite.

Ali kako sve može postojati odjednom? Znači li to da su budućnost i prošlost već ovdje?

Da, prošlost, sadašnjost i budućnost postoje istovremeno kao različite vibracijske stvarnosti. Svaki trenutak je samo druga frekvencija ili perspektiva u polju beskonačnih mogućnosti. Kada usmjeriš pažnju, "prikazuje" Ti se određena verzija stvarnosti, baš kao što se na radiju uključuje određena stanica. Svi su trenuci tu – Ti ih samo biraš Svojim fokusom.

Sve što se dogodilo, kao i sve što se može dogoditi, postoji u ovom beskonačnom Sada.

Ako je sve već ovdje, zašto se čini da moramo čekati da nešto dođe ili se ostvari?

Čekanje ili osjećaj čekanja dolazi jer vjerujete da se događaji moraju redati u vremenu. Čekanje je samo percepcija da vam je potrebno neko vrijeme da dođete do nečega, no sve postoji Ovdje i Sada. Kad uskladite Svoju vibraciju s onim što želite, dopuštate da ta realnost uđe u vaše iskustvo bez čekanja. *To je ono što nazivate instant manifestacijama.*

Pa što je onda budućnost? Je li ona samo jedan od odabira koje mogu napraviti?

Točno! Budućnost je samo niz potencijala, različitih frekvencija koje možeš izabrati, ovisno o tome kako vibriraš u sadašnjem trenutku. Možeš je doživjeti kao niz mogućnosti u Tvojoj vibracijskoj stvarnosti, a svaka je mogućnost budućnost u jednom potencijalu. Svi potencijali već postoje. Kada odabereš određenu vibraciju, postaješ svjesna onog potencijala koji najviše odgovara tom odabiru.

A kako mogu živjeti izvan ove iluzije vremena kad je život toliko organiziran oko njega?

Živjeti izvan iluzije vremena znači biti usredotočen na trenutni sadašnji trenutak i svjesno odabirati vibraciju iz koje želiš stvarati Svoju stvarnost. Iako pratiš dnevni ritam, možeš birati kako ćeš na njega gledati.

Što si više svjesna i prisutna, manje ćeš osjećati "pritisak" vremena i više ćeš opažati fluidnost događaja. Postaješ svjesna da je sve uvijek savršeno tempirano, kada si u skladu sa Sobom. Percepcija vremena uvijek ovisi o Tvom fokusu i prisutnosti u trenutku. Umjesto da gledaš na obaveze kao na stres i žurbu, počni uživati u svakom trenutku. Kada se tuširaš, uživaj u vodi, kada sušiš kosu, budi svjesna tog trenutka, kad stojiš u redu ili u koloni, ne čekaj nego naprosto budi. I to radi što je češće moguće u danu. To će Ti dati osjećaj da vrijeme traje duže. Čak i da je stalo.

Promijeniti način na koji govoriš o vremenu. Umjesto da stalno ponavljaš "Nemam vremena", počni afirmirati da imaš vremena. Kada promijeniš Svoju percepciju o vremenu, počet ćeš svjedočiti kako se vrijeme „stvara". Započni dan meditacijom. Potpunom prisutnošću postojanjem u Sada. Meditacija će Ti pomoći da umiriš Um, povećaš fokus i budeš prisutna u sadašnjem trenutku. Kada meditiraš, zaustavljaš žurbu i stres. A kada se Tvoj unutarnji svijet umiri, vanjski svijet, također, postaje organiziraniji i staloženiji.

Hvala ti. Pokušat ću.

Ne pokušavaj, nego napravi. Kada kažeš "Pokušat ću", odašilješ vibraciju nesigurnosti ili sumnje. Vibracija riječi "pokušati" nosi energiju *možda*, kao da postoji šansa i da nećeš uspjeti. Tvoj fokus nije potpuno na onome što želiš, već uključuje i mogućnost neuspjeha.

Kada kažeš "Napravit ću", Tvoje su misli i energija usmjerene na siguran ishod. To je jasna, čvrsta vibracija, bez sumnje ili oklijevanja. Time odašilješ uvjerenje da si odlučna da znaš što hoćeš i da će se Tvoja akcija podudarati s time. *Razlika je u tome da "Pokušat ću" stvara vibraciju polovične posvećenosti, dok "Napravit ću" otvara put sigurnosti, što sigurnije manifestira željeni ishod.*

Fokus i uvjerenje ono su što kreira realnost. Zato, kada kažeš "Napravit ću", Ti vibriraš na frekvenciji već postignutog cilja.

"Dobro. Napravit ću!", reče Ani kroz smijeh, pokazujući da je razumjela. "Vratila bih se malo na razloge ili izgovore. Leži li u tome osnovna razlika između uspješnih i neuspješnih ljudi? Na načinu na koji gledaju na probleme na koje naiđu?"

Uspješni ljudi prepoznaju razloge, ali ih ne koriste kao izgovore, a time ni kao prepreke. Oni su svjesni ograničenja i faktora na koje nemaju utjecaj, no Svoj fokus usmjeravaju na ono što mogu učiniti. Na taj način razlozi postaju poticaj za promjenu strategije i rast, a ne izlika za stagnaciju. Oni traže rješenja i ostaju usmjereni na postizanje ciljeva, koristeći svaki izazov kao priliku za napredak. Ne boje neuspjeha. Čak i kad dožive pad, oni se brzo podižu jer opet zamišljaju najbolji mogući scenarij i vjeruju da su svi izazovi dio njihovog puta prema uspjehu. Oni ne dozvoljavaju da ih neuspjeh obeshrabri, već ga vide kao priliku za učenje i napredak.

Zbog te percepcije i stava, oni se stalno kreću naprijed, čak i kada stvari ne idu po planu.

Znači, način razmišljanja je ključan?

Točno. U načinu razmišljanja i scenarijima koje rade u Svojim glavama. Ljudi koji stagniraju često zamišljaju najgori mogući scenarij, fokusiraju se na strahove i što bi moglo poći po zlu. To ih paralizira i sprječava da se usude napraviti korak naprijed. S druge strane, ljudi koji žive Svoj puni potencijal zamišljaju najbolji mogući scenarij – fokusiraju se na uspjeh, na ono što bi mogli postići i na mogućnosti koje im život nudi. Oni se usude jer vjeruju u pozitivan ishod i motiviraju se tim mislima. Oni sami Sebe jačaju putem. Ovi drugi ni ne shvaćaju da sami Sebe slabe.

Kako mogu shvatiti jačam li se ili slabim?

Postoji jednostavna vježba za to. Zatvori oči i zamisli situaciju u kojoj trebaš donijeti neku važnu odluku. Prvo, zamisli najgori mogući scenarij, sve što bi moglo poći po zlu. Osvijesti kako se osjećaš sada u ovom trenutku u tim mislima.

Sada zamisli najbolji mogući scenarij, u kojem sve ide kako si zamislila i kako ostvaruješ Svoj cilj. Osvijesti sada opet kako se sada osjećaš. Vidiš li razliku između emocija koje si osjećala?

Da. Ogromnu.

Upravo Ti to pokazuje jačaš li se ili slabiš. U oba si slučaja izašla iz sadašnjeg trenutka.

Pitanje je samo ako već odlučiš izaći iz Sada, hoćeš li izaći u misli koje Ti služe ili u one koje Ti ne služe. Uspješni ljudi svjesno biraju Svoje misli. Oni Sebe motiviraju i ohrabruju da poduzmu akcije prema Svojim ciljevima. Ovi drugi, izmišljanjem negativnog scenarija, stvaraju sami Sebi strah i time se paraliziraju u djelovanju.

Wow! Koliko je ovo zapravo točno! Kako se mogu uvježbati da imam *mindset* uspješnih ljudi?

Prvo, osvijesti koji scenarij češće kreiraš u svom Umu – pozitivan ili negativan. Uvijek ćeš po emociji to znati. Zatim svjesno mijenjaj Svoj fokus prema onom scenariju koji će Ti služiti da se osjećaš bolje. Zamišljaj najbolje moguće ishode u svakoj situaciji, čak i kada se suočavaš s izazovima. Način razmišljanja je navika, a svaku naviku možeš mijenjati.

Znači, poanta je da, i dok nema ishoda, ga već vidim kao najbolji mogući?

Ako želiš izlaziti iz sadašnjeg trenutka, da! Kada zamišljaš najbolji mogući scenarij, podižeš Svoju vibraciju i šalješ Svemiru signal da si spremna za to. Što više vidiš pozitivan ishod, postaješ sve uvjerenija da je pozitivan ishod moguć, što će Te gurati sve dalje i poticati na hrabrije odluke. I kad god ideš prema nečemu makni fokus s Kako na Zašto?

S kako na zašto? Što to znači?

Umjesto da se fokusiraš na to *kako* će se nešto manifestirati, počni razmišljati o *zašto* to želiš.

Kad se fokusiraš na *kako*, tvoj Um pokušava dokučiti sve korake i načine, što Te može blokirati i frustrirati. Ali kad se fokusiraš na *zašto* – na emocije, razloge i osjećaje tada otpuštaš pritisak i kreiraš emociju koja će Ti služiti. Kad se fokusiraš na *kako*, Tvoj Um pokušava naći logična rješenja i postoji mogućnost da Te to blokira jer ne možeš pronaći sve odgovore. Vaš je Um ograničen u razumijevanju svih mogućih puteva manifestacije. A kada se fokusiraš na *zašto*, otpuštaš potrebu za kontrolom i otvaraš se beskonačnim mogućnostima. *Zašto* Ti pomaže da održiš visoku vibraciju, dok *kako* često aktivira sumnje, strahove i nesigurnosti, a time i nisku vibraciju. Kad se prepustiš i usmjeriš na *zašto*, otvaraš vrata manifestacijama da se dogode prirodno, bez prisiljavanja.

Primjerice, ako želiš manifestirati financijsko obilje, umjesto da se pitaš *kako* ćeš zaraditi više novca, počni se pitati: *Zašto* želim financijsko obilje? Tada možeš odgovoriti: "Želim financijsko obilje jer želim osjećati slobodu, želim putovati, želim pomoći drugima." Fokusiranjem na razloge i osjećaje koji stoje iza Tvoje želje, podižeš vibraciju i otvaraš put manifestaciji. Ovaj proces možeš koristiti za bilo koju želju – zdravlje, ljubav, posao, prijateljstva – uvijek se pitaj *zašto* i promatraj kako se Tvoja energija i vibracija mijenjaju. Ovaj pomak u vašem fokusu vas vadi iz zone komfora jer vas motivira da istražujete nove puteve i prilike, a upravo izlaskom iz zone komfora postajete otvoreni za promjene i uviđate širu sliku mogućnosti.

Super da si spomenula zonu komfora. Često čujem o njoj kao uzroku neuspjeha. Da je ona nešto negativno na čemu trebamo raditi?

Zona komfora je prostor u kojem se osjećate ugodno i sigurno. Na nju ljudi najčešće gledaju kao na nešto negativno, ali zapravo, kako i samo ime kaže, to je zona u kojoj se osjećate komforno. Ključno pitanje je želite li živjeti komforan život ili želite doživljavati nova iskustva i prilike. Zona komfora nije ni loša ni dobra, ona je samo stanje u kojem birate biti.

Znači možemo biti sretni i ako ostajemo u zoni komfora?

Ovisi o tome šta vas ispunjava. Neki ljudi žele siguran život, gdje im je svaki dan poznat i isti, dok drugi traže promjene i uzbuđenja. Važno je razumjeti da ste stvoreni za ekspanziju, a promjena je jedina konstanta u životu. Ako osjećate da vam je svaki dan isti i to vas ne ispunjava, ta emocija je znak da ne idete za Svojom ekspanzijom i da ste pristali na život ispod Svog potencijala.

Kako ću znati jesam li u zoni komfora iz straha ili iz stvarnog zadovoljstva?

Možeš postaviti sebi pitanje: "Da mi neko garantira da će se na primjer situacija na poslu ili u partnerstvu promijeniti i da će sve biti onako kako Ja želim, da li bih ostala tu gdje jesam?" Ako odgovoriš da bi željela nešto novo, to znači da Te strah ili sumnja drže u toj zoni. Ako, međutim, osjećaš zadovoljstvo i ostala bi točno tu gdje jesi, tada si istinski zadovoljna tu gdje jesi.

Trebamo li se uvijek truditi izaći iz zone komfora?

Izlazak iz zone komfora ne bi trebao biti forsiran. Ako izlazite iz zone komfora pod strahom ili sumnjom, jer je netko rekao da morate, rezultat neće biti pozitivan. Ključ je da izlazite, kada ste spremni i s visoke vibracije jer tada izlazak donosi ekspanziju i uspjeh. Ako niste spremni, radije ostanite u zoni komfora i radite na podizanju vibracije kroz vizualizaciju, afirmacije i druge metode. I tek kada osjetite da bi izlazak bio inspirativna akcija, tada to napravite. Upravo vam strah ili nesigurnost pokazuju da niste spremni ni vibracijski podudarni sa željom. I nikad se ne uspoređujte s drugima jer svako ima svoj jedinstveni put. Netko može biti spreman da izađe iz Svoje zone komfora odmah, dok drugi trebaju više vremena. Važno je da pratite Svoje osjećaje i djelujete kada se osjećate spremni.

Osjetimo li kada je vrijeme za promjenu?

Itekako. No, ne poslušate svi.

A zašto?

Mnogi se ljudi opiru promjeni jer smatraju da je poznata situacija sigurna, čak i kada nisu zadovoljni. Opiranje promjeni često dolazi iz straha od nepoznatog. Također tu veliku ulogu igra i uvjerenje da promjena nije dobra. Sjeti se samo kako ljudi u negativnom kontekstu kažu drugima da su se promijenili. Društvo često ne podržava promjene koje izlaze iz uobičajenih normi. Opiranje promjeni dolazi i iz straha od nepoznatog i želje za sigurnošću.

Ljudski Um voli predvidljivost jer mu ona daje osjećaj kontrole, čak i kad trenutna situacija nije idealna. Zona komfora, čak i ako vam ne izgleda kako bi željeli, djeluje poznato, a sve izvan nje percipira se kao izazov. Ljudi se opiru promjeni jer se često identificiraju s prošlim iskustvima i uvjerenjima koja im više ne služe. Kad se pojavljuje promjena, javlja se osjećaj nesigurnosti jer ne znaju točno što ih čeka. To opiranje je zapravo otpor prema vlastitom rastu. Međutim, život je – u svojoj srži – stalna promjena i ekspanzija. Kad naučite prihvatiti promjenu, shvatite da se iza nje kriju rast, nova iskustva i nove prilike.

Kako mogu znati dolazi li odluka za promjenom iz Izvora ili straha?

Odluka koja dolazi iz Izvora izaziva osjećaj uzbuđenja, inspiracije i radosti. Kada pomisliš na tu promjenu, osjećaš se puna energije i spremna za nove izazove. S druge strane, odluka koja dolazi iz straha obično je praćena osjećajem nelagode, nesigurnosti ili opravdanja. Ako donosiš odluku jer se bojiš gubitka ili promjene, ona ne dolazi iz Izvora. I dobro provjeri da li želiš *otići od nečega ili ići prema nečemu*?

Što mogu učiniti, ako se bojim promjene?

Ako osjećaš strah od promjene, najvažnije je prvo prihvatiti taj osjećaj, a zatim ga preoblikovati kroz pozitivan fokus. Strah često dolazi iz nepoznatog, ali ako usmjeriš Svoju pažnju na ono što možeš dobiti iz promjene, umjesto na ono što možeš izgubiti, vibracija će se početi mijenjati. Koristi afirmacije, vizualizacije i fokus na pozitivne aspekte koje promjena može donijeti i time ćeš preusmjeriti fokus na uzbuđenje koje donosi nova prilika. I tako će strah nestati. Najvažnije je zapamtiti da je promjena prirodan dio života i ključ za osobni rast. Promjene koje dolaze iz visoke vibracije, uzbuđenja i inspiracije uvijek donose pozitivne rezultate. Prihvaćanje promjene i ljubav prema njoj otvaraju ti vrata ka novim mogućnostima. Emocije su Ti pokazatelj – kada osjećaš radost, uzbuđenje i mir, to je znak da si na dobrom putu. Slušaj Svoje emocije, prati Svoju vibraciju i ne boj se promjena, jer one te vode prema ekspandiranoj verziji Tebe.

Da li zaista ne treba nikad odustati?

Vi nikada ne morate slijepo nastavljati istim putem, bez obzira na okolnosti. Ključ je u tome da prepoznate razliku između promjene smjera i pravog odustajanja. Ako osjetite da vas put kojim idete više ne ispunjava ili da vas vaš cilj više ne motivira, ne znači da ste odustali ako odlučite krenuti u drugom smjeru. To samo znači da ste postali svjesni novih želja ili prioriteta. Istinsko "neodustajanje" znači ostati predan vlastitoj sreći i zadovoljstvu, čak i ako se mijenjaš kroz život.

Kako ćemo znati kada trebamo prestati ići za nečim? Kako prepoznati da to više nije ono što želimo?

Sjajan način da to prepoznaš jest postaviti Sebi ovo pitanje: "Da se sve što želim manifestira, bih li ostala na ovom putu?"

Ako je odgovor "Da", tada nije vrijeme za odustajanje. No, ako osjetiš da bi, čak i da se sve manifestira, ipak htjela nešto drugo, onda je vrijeme da razmisliš o promjeni smjera.

Što ako se trudim, ali rezultati izostaju? Je li to znak da trebam odustati?

Nedostatak rezultata ne znači automatski da trebaš odustati. Ako si iskrena prema Sebi i vidiš da je ono što te koči zapravo unutarnji otpor – Tvoje vlastite sumnje, strahovi ili negativna uvjerenja – tada je odgovor "Ne". Tada trebaš otpustiti taj otpor, a ne Svoje snove. Ponekad Te osjećaj neuspjeha uvjeri da odustaneš, ali često je to samo znak da trebaš promijeniti Svoju unutarnju energiju i vjeru u ono što želiš.

Što, ako drugi ljudi govore da je ono što želim nemoguće? Kako se nositi s njihovim sumnjama?

Ljudi uvijek govore iz vlastitih uvjerenja i iskustava. Ako Ti netko kaže da je nešto nemoguće, to je možda zato što oni sami nisu uspjeli ili nisu na vibraciji koja im omogućuje da to ostvare. Njihovo iskustvo ne mora biti Tvoje. Zamisli da pet ljudi doživi isti neuspjeh – oni će Ti to prenijeti kao činjenicu. No, Tvoje iskustvo može biti potpuno drugačije, ako je Tvoja vibracija drugačija. Uvijek se sjeti da svatko govori iz vlastitih granica i uvjerenja, ali Ti ne moraš prihvatiti njihove granice kao Svoje. Tuđa iskustva nemaju apsolutno nikakve veze s Tvojima. *Osim ako ne vjeruješ da imaju.*

Trebam li biti tvrdoglava? Je li tvrdoglavost dio upornosti?

Ne. Postoji velika razlika između upornosti i tvrdoglavosti. Tvrdoglavost dolazi iz Ega – ona je ona energija koja kaže: "Ja sam ovo zacrtala i mora biti tako", ali se pri tome ne osjećaš dobro. Ego se vezao za očekivanje i ako nešto otpusti imat će osjećaj neuspjeha. Tvrdoglavost je vezana za gubitak identiteta, a ne za cilj. Upornost dolazi iz unutarnje motivacije i strasti.

Da vidim jesam li razumjela: Vrijeme je za promjenu smjera, kada shvatim da moj trenutni put više ne ispunjava. Kada osjetim da više ne želim ono što sam mislila da želim ili što sam prije željela?

Točno. Tada je vrijeme da kreneš prema nečemu novom, bez osjećaja da si odustala, već s osjećajem da ideš prema nečemu još boljem.

A imamo li svi pravi put? Ako, da kako mogu znati da sam na pravom putu?

Uvijek si na pravom putu jer Tvoj trenutni put odražava Tvoje misli, uvjerenja i fokus. To znači da je ono što trenutno doživljavaš, bilo da ti se sviđa ili ne, odraz Tvoje unutarnje vibracije. Ako trenutna situacija nije ono što želiš, ona Ti pokazuje šta trebaš promijeniti u Sebi kako bi preusmjerila Svoj put. Dakle, svaki je put pravi jer Te vodi ka spoznaji što želiš i što ne želiš. Znaj da je na putu koji je za Tebe najbolji tvoj korak lak.

Kako manifestirati ono što želim, ako nisam sigurna kojim putem krenuti?

Manifestacije nisu rezultat jedne "prave" odluke.

242

Sve se može manifestirati kroz različite puteve. Ključ je da ostaneš u emocijama radosti, zahvalnosti, povjerenja i dopustiš Svemiru da Ti pokaže najlakši put za Tebe. Kada otpustiš potrebu za kontrolom i prestaneš se brinuti, otvorit će Ti se više prilika i puteva koji vode do željenog cilja. Sjeti se: Ne postoji kriva odluka, postoje samo one s kojima se uskladiš ili ne.

Kako mogu znati da je nešto prava odluka za mene?

Svaka odluka koju doneseš je prava jer iz svake odluke možeš učiti i rasti. Ako osjećaš pozitivne emocije kada razmišljaš o odluci, to je znak da si na visokoj vibraciji i da si usklađena s onim što želiš. Ako osjećaš negativne emocije, to Ti pokazuje da postoji nešto u Tvom fokusu ili uvjerenju što trebaš promijeniti. Slušaj Svoje emocije – one Ti pokazuju, kao u onoj igri toplo-hladno, približavaš li se Svojoj želji ili si joj sve dalje.

Znači, možemo se prestati brinuti je li odluka koju smo donijeli pogrešna?

Točno. Promijeni uvjerenje da postoji samo jedna "prava" odluka. Svaka te odluka može dovesti do Tvojih želja, ako se uskladiš s njom. Ako ostaneš na visokoj vibraciji, svaka odluka koju doneseš vodi Te u najboljem smjeru. Ključ je vjerovati u proces i u Sebe. Čak i ako ti se čini da si na "pogrešnom" putu, on Ti može donijeti važne spoznaje koje će Te dovesti na još bolji put..

Koji je, po tebi, za nas najbolji put?

To je uvijek put vaše Duše.

A njime idete kada slijedite Svoju strast. I kad osjećate uzbuđenje dok putujete njime.

Što bi točno značilo da slijedim svoju strast?

Slijediti Svoju strast znači raditi ono što volite gdje se osjećate ispunjeno u svakodnevnim aktivnostima. Kada živite Svoju strast, vrijeme prestaje postojati – potpuno se predajete onome što radite bez osjećaja umora ili napora. Strast može biti nešto što vas vodi kroz razne faze života i evoluira s vama, ali bitno je prepoznati taj unutarnji poziv i slijediti ga kroz svakodnevne akcije.

Kako pronaći svoju strast? Ako ne znamo koja je?

Prvi korak prema otkrivanju Svoje strasti je prestati govoriti da ne znate što je vaša strast. Kroz afirmacije poput "Svaki dan sam sve bliže spoznaji što želim raditi", počinjete kreirati novu stvarnost. Ne morate znati odmah čime se želite baviti. Ključno je fokusirati se na ono što vas trenutno ispunjava, raditi ono što volite, pa makar to bilo više različitih stvari. Put do pronalaska strasti nije linearan, ali svakodnevno postizanje osjećaja sreće i zadovoljstva vodi vas ka onome što vam zaista daje smisao.

Znači, ako govorimo da ne znamo koja je naša strast, time to kreiramo? To je samo uvjerenje?

Točno. Uvjerenje koje je vama postalo vaša istina. Vaša strast je u vama cijelo vrijeme. Potrebno je da prvo osvijestite da cijelo vrijeme govorite: "Ne znam što je Moja strast" i zamijeniti to afirmacijama koje vam pomažu da se približite spoznaji. **Korištenje pozitivnih afirmacija poput "Svaki dan sve više osjećam Svoju strast" mijenja vaš fokus s prošlih iskustava na sadašnji trenutak i buduće mogućnosti. Na taj način, Svoju vibraciju prebacujete sa onoga što ne želite na ono što želite ostvariti.**

Dobro. A što učiniti, ako i dalje imam osjećaj da ne znam u kojem smjeru ići?

Fokusiraj se na to da budeš sretna Danas. Neka Ti svaki dan bude prilika da radiš nešto što voliš. Strast se otkriva kroz svakodnevne aktivnosti i istraživanje onoga što Te ispunjava. Pronađi u svakom danu makar nešto u čemu ćeš uživati. Ako trenutno radiš nešto što ne voliš, važno je u svakom danu pronaći vrijeme za aktivnosti koje Te ispunjavaju. To može biti nešto što Te čini sretnom – slušanje glazbe, čitanje, pisanje bloga ili rad na hobiju. Kada provodiš vrijeme u energiji onoga što voliš, podižeš Svoju vibraciju i manifestiraš prilike koje su u skladu s Tvojom strašću. Ne moraš Ti znati koja je Tvoja strast. Ima tko zna. Na Tebi je da se otporima skloniš Sebi s puta. Proces otkrivanja strasti dolazi kroz svakodnevne male korake i fokus na ono što Te čini sretnom.

Znači, put je da sam sretna u Sada?

Biti sretan u sadašnjem trenutku ključ je za pronalaženje strasti. Kada se fokusiraš na to kako se osjećaš Sada, podižeš Svoju vibraciju i postaješ magnetski privučeni prema iskustvima koja Te ispunjavaju. Ne možeš očekivati da će se nešto promijeniti, ako cijeli dan provodiš u energiji onoga što ne voliš.

Uživanje u sadašnjem trenutku otvara vrata za prilike koje su u skladu s Tvojom istinskom prirodom.

A kako da mi strast postane izvor prihoda?

Prvi je korak da usmjeriš pažnju na ono što Te raduje jer to donosi osjećaj radosti i ispunjenja. Kada je fokus na vibraciji radosti, a ne samo na cilju zarade, usklađuješ se s energijom obilja i privlačiš prilike koje rezoniraju s Tvojom istinskom svrhom. Započni svakodnevno raditi male korake prema onome što voliš, bez obzira na trenutni ishod. Mnogi ljudi započinju volontiranjem ili besplatnim radom na onome što vole raditi, ali kroz ustrajnost, strast postaje prepoznata i cijenjena, što prirodno vodi do toga da od toga možete živjeti. Vibracija Tvoje strasti će privući ljude, prilike i resurse koji će Ti pomoći da ona postane Tvoj izvor prihoda. Vjeruj da je to moguće, ostani dosljedna i otvori se svim putevima na kojima se Tvoje strastveno djelovanje može razviti u održiv posao. Kombinacija usmjerenosti, ljubavi prema onome što radiš i otvorenosti za razne načine ispunjenja manifestirati će obilje kroz Tvoj rad. U obilju strasti, financijsko obilje njegov je dio.

A što, ako je nečija strast vezana za javne nastupe, a ima strah od toga? Poznajem puno ljudi kojima je to najveći strah i on ih paralizira da žive svoju strast?

Važno je da osvijeste da strah od javnog nastupa proizlazi iz njihovih misli i izmišljenih scenarija koje stvaraju u Svom Umu. Taj strah je povezan s brigom o tome što će drugi misliti o njima i strahu od osude.

Mnogim ljudima je pomisao na osudu gora od same smrti, jer su programirani da teže prihvaćanju. U biti se ljudi ne plaše samog čina javnog nastupa, već sami Sebe plaše vlastitim mislima o tome.

Kako prevladati taj osjećaj?

Razumijevanjem da njihov strah dolazi iz misli koje sami Sebi govore. Velika je iluzija misliti što drugi o vama misle jer ti drugi zapravo ne misle o vama – oni su zauzeti brigom što drugi misle o njima. Također, važno je shvatiti da je život u skladu s tuđim očekivanjima mnogo teži nego eventualna pogreška pred ljudima. Nikakve drame nema i da se nekad pogriješi. Greške su prirodan dio učenja i neizbježne su u svakom procesu. Ljudi cijene autentičnost. Kada netko pokaže da je ljudsko biće, a ne savršen robot, to obično izazove simpatije, a ne osudu. Ponavljam, najveća drama odvija se samo u Umu.

A što, ako zaista dožive kritiku?

Neka promjene pogled na kritiku. Opet je do percepcije. Neka gledaju na kritike kao na dio puta prema uspjehu. Uvijek će biti ljudi koji kritiziraju, ali ključno je razumjeti tko kritizira i zašto. Ako kritika dolazi od nekoga čije mišljenje cijenite, prihvatite je kao korisnu povratnu informaciju. No, ako kritika dolazi od nekoga tko nije uspješan na tom polju u kojem vas kritizira, nema razloga da vas to pogađa. Kritika često dolazi od ljudi koji se osjećaju nesigurno i pokušavaju se osjećati bolje kroz osuđivanje drugih. Ključ je razumjeti da mnogi ljudi koji kritiziraju druge rade to kako bi se sami osjećali bolje.

Oni koji uspoređuju i osuđuju vas zapravo izražavaju Svoje unutarnje nesigurnosti. Važno je osloboditi se tuđih mišljenja i usredotočiti se na vlastiti put i autentičnost. Kada živite prema Svojim vrijednostima, tada ne brinete o tome što drugi misle. Jer ni ne tražite sklad s njima, već sa Sobom.

Budite ono što jeste i živite autentično. Ljudi koji kritiziraju često sami nisu autentični i Svoje nezadovoljstvo prenose na druge. Osoba koja je sigurna u Sebe i živi u skladu s vlastitim vrijednostima, neće vas osuđivati, nego će cijeniti vašu autentičnost.

Može li neka metoda pomoći u prevladavanju straha od javnog nastupa?

Da. Vizualizacija je izvrstan alat u ovom slučaju jer pomaže vašem tijelu i Umu da se naviknu na situaciju u kojoj se inače osjećate nesigurno. Vizualizirajte Sebe na pozornici ili ispred publike, kako iznova i iznova uspješno izvodite svoj govor. Mozak ne razlikuje stvarnu situaciju od zamišljene, pa će vam se, kada se nađete u stvarnoj situaciji, ona činiti mnogo poznatijom i manje zastrašujućom.

Znači li to da se naša sloboda nalazi u oslobođenju od tuđeg mišljenja?

Vaša sloboda se nalazi u vama. Ona je dio vas. Vaše misli su te zbog kojih imate osjećaj da nemate slobodu. Važno je shvatiti to. *Vaša sloboda počinje sa spoznajom da mišljenja koja mislite da drugi imaju o vama, zapravo nisu njihova, već vaša.*

248

Većina ljudi živi u uvjerenju da drugi stalno misle o njima, ali istina je da oni sami kreiraju te misli. Umjesto da se bavite onim što drugi misle, trebate prepoznati da sami Sebi izazivate te misli. I tek kada to osvijestite, dolazi do promjene.

Pa kako mogu prestati misliti o tome što drugi misle?

Najbolji način da se oslobodite takvih misli je da ih osvijestite. Kada shvatite da su to Vaše projekcije, a ne stvarne misli drugih ljudi, lakše ćete ih kontrolirati. Strah od tuđeg mišljenja proizlazi iz Ega i potrebe da budete prihvaćeni i da potvrdite Sebi vlastitu vrijednost. Ključ je u tome da ne tražite validaciju izvana, nego da se oslonite na vlastitu unutarnju sigurnost.

Meditacija je izvrstan alat za ovu praksu, jer vam pomaže da prepoznate i prekinete misaone procese koji vam ne služe. Meditacija vam omogućuje da se fokusirate na sadašnji trenutak i prepoznate misaone obrasce koji vas sabotiraju. Kada meditirate, razvijate Svijest o Svojim mislima i emocijama, što vam omogućuje da prepoznate misli koje dolaze iz nesigurnosti ili straha od osude. Na taj način možete naučiti kako ne davati težinu mislima koje vas slabe i zamijeniti ih konstruktivnijim mislima.

Također, kada uhvatite takve misli, zapitajte se: "Zašto mi je uopće važno što ta osoba misli o Meni?". U odgovoru ćete uvijek doći do potreba Ega.

A što je s mišljenjima koja nam drugi izravno kažu?

Tuđa mišljenja, bilo pozitivna ili negativna, dolaze iz njihovih percepcija, uvjerenja i iskustava. Shvatite da kada netko dijeli mišljenje o vama, ono više govori o njima nego o vama. Ako osoba koja vam daje mišljenje ne živi život koji biste vi željeli živjeti, tada njezino mišljenje ne bi trebalo imati težinu za vas. Ako je to osoba koju cijenite, zapitajte se koja joj je bila namjera. Možda vam je samo Ego izazvao negativnu reakciju jer se osjetio uvrijeđenim, a osoba je imala najbolju namjeru da vam na temelju Svog znanja pomogne da budete još bolji. Uvijek kada vam netko daje mišljenje pogledajte namjeru. Ona vam sve govori. I to da li oni sami žive ono o čemu vama daju mišljenje.

Može li ljubomora biti namjera ljudi?

Jesi li sigurna da ne pitaš o zavisti?

U čemu je razlika?

Zavist je emocija koju ljudi osjete kada žele nešto što neko drugi ima – bilo da je to uspjeh, materijalno bogatstvo, ljubav, zdravlje ili bilo koja druga životna situacija. Zavist dolazi iz osjećaja nedostatka i vjerovanja da oni sami ne mogu postići ono čemu se dive kod druge osobe. Ona je emocija niske vibracije jer, kada se osjeća zavist, usmjerava se pažnja na nedostatak, umjesto na mogućnosti koje svi imaju da ostvare slične ili čak bolje rezultate. Ljubomora je osjećaj straha da se nešto ili nekoga može izgubiti i najčešće je vezana za partnerske odnose. Ljubomora je povezana s osjećajem nesigurnosti i vlasništva nad drugom osobom.

Kada se osjeća ljubomora, strahuje se da će se izgubiti netko ili nešto što se smatra Svojim. Također je emocija niske vibracije jer ljubomora dolazi iz iluzije da posjedujete nekoga ili nešto.

Da. O zavisti pričam.

Znam, to sam ti htio osvijestiti.

Hvala ti. Znači, zavist je niska vibracija?

Da. Jer joj je temelj fokus na nedostatku i uvjerenju da niste sposobnosti da postignete ono što želite. Negativna emocija koja dolazi sa zavisti signalizira da ste se udaljili od Svoje prave prirode, koja vjeruje u obilje i mogućnost ostvarivanja vaših želja. Ako promijenite pogled na zavist i vidite je kao motivaciju, ona može postati podsticaj za vaš lični rast i promjene. Budite iskreni prema Sebi da ste tu emociji osjetili i postavite Sebi pitanje što ova osoba ima ili radi, a i Ja bih to želio? To iskreno pitanje može vam osvijestiti vaše želje i umjesto da vam fokus na tu osobu izaziva negativnu emociju, moći će vam služiti kao inspiracija za vašu ekspanziju.

A ljubomora?

Ljubomora narušava odnose jer dolazi iz osjećaja nesigurnosti i pokušaja kontrole druge osobe. Kada ljudi osjećaju ljubomoru često su skloni sukobima i svađama, jer ljubomora momentumom prelazi u ljutnju. Ljutnja dolazi kao reakcija na nemoć, jer osjećaju da gube kontrolu nad nečim što misle da posjeduju. U stvarnosti, nitko ne može posjedovati drugu osobu. To je iluzija.

Ja cijelo vrijeme svima govorim da ljubomora nije ljubav, a svi me uvjeravaju u suprotno.

Ljubomora nije izraz ljubavi. *Ljubomora je izraz nesigurnosti.* **Ljubav je sloboda, povjerenje i podrška, a ljubomora dolazi iz straha da ćete izgubiti nekoga. Kada osoba traži da joj dokazujete ljubav kroz ljubomorne reakcije, to je znak njenog unutrašnjeg nesigurnog stanja. Ljubomora dolazi iz Ega, iz osjećaja nedostatka i iz straha, a ne iz prave ljubavi.**

Znala sam! Osjećala sam cijelim bićem da je to tako. A zašto onda većina ljudi povezuje ljubomoru s ljubavlju?

Ljudi često povezuju ljubomoru s ljubavlju zbog pogrešnog uvjerenja da osoba koja vas voli mora biti posesivna ili zabrinuta za vas. Međutim, ljubomora nije pokazatelj ljubavi, nego nesigurnosti. Kada osoba zahtijeva dokaze ljubavi kroz kontrolu, to nije ljubav, već potreba za kontrolom koja proizlazi iz straha da bi mogla izgubiti partnera. Ljubav je slobodna. Ona nema potrebu za kontrolom. Ljubav je i povjerenje i podrška. Ljubav omogućuje partneru da bude najbolja verzija Sebe, bez straha od gubitka ili kontrole. Kontrola, s druge strane, proizlazi iz straha i nesigurnosti. Ljubav ne traži dokazivanje putem straha ili ljubomore, već je temeljena na uzajamnom poštovanju i povjerenju.

Kako ljubomora utječe na odnos?

Negativno, jer stvara toksičnu dinamiku u kojoj jedan partner stalno traži dokaze ljubavi, dok drugi partner osjeća pritisak i kontrolu.

Ovaj oblik ponašanja može dovesti do svađa, nesporazuma i osjećaja gušenja. Ljubomora može eskalirati do točke gdje se partneri osjećaju nesigurno, čak i u jednostavnim, svakodnevnim situacijama. Bez osvještavanja i rada na Sebi, osoba koja je ljubomorna nastavit će prenositi Svoje nesigurnosti na partnera, što će vremenom odnos napraviti toksičnim.

Znači, po ljubomori možemo znati je li nam partner nesiguran?

Da. Ljubomora je uvijek znak unutarnje nesigurnosti. Kada partner izražava ljubomoru, on zapravo otkriva Svoj strah da će vas izgubiti ili da nije dovoljno vrijedan vaše ljubavi. Ljubomorna osoba često projicira Svoje unutrašnje nesigurnosti na vas, stvarajući osjećaj krivnje ili sumnje. Ako se ljubomora ponavlja i postaje obrazac, to je jasan znak da osoba mora raditi na svojim unutarnjim strahovima i nesigurnostima.

Kako se nositi s ljubomornim partnerom?

Ako imate ljubomornog partnera, ključno je da razumijete da ljubomora proizlazi iz njegove ili njene nesigurnosti, a ne iz vašeg ponašanja. Pokušajte razgovarati s partnerom o osjećajima koje izaziva ljubomora i potaknite ga da radi na Sebi kako bi oslobodio te strahove. Ako osoba nije spremna osvijestiti Svoje nesigurnosti i raditi na njima, problem će se nastaviti i vjerojatno pogoršati. Ljubomorni odnosi su često iscrpljujući i toksični, pa je važno postaviti granice i ako je potrebno, dobro razmislite je li to odnos u kojem vi možete rasti.

I zavist i ljubomora emocije su niske vibracije koje vas udaljavaju od ljubavi i slobode. Promjenom perspektive i prepoznavanjem vlastite vrijednosti, možete nadvladati ove emocije i živjeti u skladu s vibracijom ljubavi i razumijevanja. Ako osjetite ili jedno ili drugo neka vam to bude signal ka vlastitom rastu. Zavist vam može postati motivacija, a ljubomora znak da treba raditi na osjećaju sigurnosti i povjerenju.

Bože, koliko toga sam osvijestila. Hvala ti beskrajno na tome. Imam sada želju postaviti još par pitanja o vibraciji i kreiranju realnosti. Kako mogu osvijestiti na kojim područjima imam nisku vibraciju?

Najbolji način za to je kroz vježbu svjesnosti. Uzmeš papir i olovku i zapišeš prve tri misli koje Ti padaju na pamet na određene teme: "Majka", "Otac", "Novac", "Ljubav", "Zdravlje", "Uspjeh" itd. Misli koje se pojave odmah otkrivaju vibraciju koju imaš prema tim segmentima. Ako su misli o novcu, na primjer, negativne, poput "Novac je problem", "Novca nema", to pokazuje nisku vibraciju prema financijama. I tako za svaku temu. S osvještavanjem ovih misli otvaraš put promjeni i radu na podizanju vibracije. Procjenjivanjem Svoje vibracije osvještavaš misli, a time i emocije u vezi s različitim aspektima života. Osvještavanjem na ovaj način doći ćeš do odgovora u kojim područjima imaš nisku vibraciju, odnosno negativna uvjerenja koja Te blokiraju u postizanju ciljeva. Niska vibracija ukazuje na negativne misli i emocije vezane za određeno područje života.

Primjerice, niska vibracija prema zdravlju može uključivati pesimistične misli, poput "Nikad neću ozdraviti". Takve misli često zadržavaju nepoželjne situacije u Tvom životu i onemogućavaju napredak. Osvještavanjem niske vibracije postaješ sposobna mijenjati Svoje misli i uvjerenja, što postavlja temelje za pozitivne promjene u tom području.

Kako mogu promijeniti nisku vibraciju prema nekim aspektima?

Kroz praksu svjesnosti vježbaj mijenjanje perspektive. Emocija će Ti reći kada si se uskladila sa Mnom i Dušom. Na primjer, ako imaš negativne misli o novcu, zapitaj se: "Kako bi Moje ne-fizičko biće gledalo na ovo?" i onda izgovaraj rečenice, dok ne osjetiš da Ti se emocija mijenja. Točnije, dok Ti rečenica koju izgovaraš ne donese bolji osjećaj. Ova Ti vježba pomaže da postigneš misli koje su u skladu s Tvojom željom i željenom realnošću.

Možeš li mi dati primjer na temu posla i uspjeha?

Ako o poslu misliš negativno, kao "Svaki posao je težak", možeš promijeniti vibraciju pisanjem rečenica koje Ti izazivaju bolje osjećaje, primjerice, "Uskoro ću saznati čime se želim baviti" ili "Put me vodi prema poslu koji volim". Ove nove misli omogućuju da na posao gledaš s više nade i optimizma, što pomaže u manifestiranju željenog ishoda. Ako smatraš da je uspjeh težak, promijeni percepciju tako da ga vidiš kao uzbudljivo putovanje. Na primjer, umjesto "Uspjeh je težak", možeš reći "Uspjeh je izazovno i uzbudljivo putovanje".

Ili "Sve dok sam živa, postoji šansa da mogu uspjeti!". Ova promjena stava pomaže Ti da uspjeh doživljavaš kao proces, a ne kao težak cilj.

Odlično, shvatila sam. A kako mogu odmah biti sigurna da mijenjam vibraciju u pravom smjeru?

Po emocijama. Po tome kako se osjećaš. One i jesu tu da Ti to govore. Pozitivne emocije tj. emocije visoke vibracije ukazuju na usklađenost i potvrđuju da vaša vibracija raste i da si krenula u željenom smjeru. Ostani dosljedna u tome i svjedočit ćeš životu kakav želiš živjeti.

Da li i zašto ljudi prestanu primjenjivati metode koje im pomažu u kreiranju realnosti?

Ako prestanu razlog najčešće bude zbog fokusa na fizičke manifestacije koje čekaju, ne shvaćajući da time fokus opet ide na nedostatak. Ako se primjena radi samo s ciljem da se postignu određene vanjske manifestacije, bez uživanja u procesu, dolazi do frustracije. Svrha primjena metoda je da vam služe tako što podižu vašu vibraciju i mijenjaju vašu dominantnu vibraciju koja i kreira vašu realnost. Metode poput meditacije, zahvalnosti, vizualizacije ili jednostavnog uživanja u trenutku pomažu vam da se uskladite s vibracijama onoga što želite. Što više prakticirate ove metode, to se vaša dominantna vibracija mijenja. Ključno je shvatiti da primjena nije samo sredstvo za postizanje nečega, nego način da se odmah Sada osjećate bolje, a to kreira promjenu. Nerazumijevanje svega ovoga uzrok je odustajanja od primjene.

Što učiniti kada primjena metoda postane naporna?

Kada primjena postane naporna, ključno je osvijestiti da metode nisu tu da vas opterećuju, nego da vam služe. Umjesto da na metode gledate kao na obvezu, trebate ih vidjeti kao alat za poboljšanje toga kako se u trenutku osjećate. Ako vam se ništa ne radi neki dan, umjesto da se krivite, prihvatite to s ljubavlju prema Sebi. Stvaranje navike počinje malim koracima i razumijevanjem da je svaki dan prilika za napredak. Kao što biste bili puni razumijevanja prema djetetu koje uči voziti bicikl, budite takvi prema Sebi dok stvarate nove navike. Osim toga, važno je usmjeriti pažnju na to kako se osjećate tijekom primjene metoda, jer kada shvatite da vas one čine sretnijima, primjena postaje prirodna i ugodna.

U redu, a kako ostati motiviran za primjenu metoda kada se ne vidi odmah rezultat?

Ključ je shvatiti da metode nisu samo sredstvo za postizanje fizičkih manifestacija, nego su tu da vas podignu vibracijski i emotivno. Umjesto da fokusirate pažnju na to što još nemate, trebate se pitati kako se osjećate u trenutku primjene i što možete napraviti da se osjećate još bolje. Kada usmjerite pažnju na osjećaje i vibracije, a ne na konačni cilj, primjena postaje užitak. *Uživanje u procesu donosi rezultate, a fizičke manifestacije dolaze prirodno kao rezultat usklađenih vibracija.*

Znači li to da je to kako se osjećam sada važno za ono što će se događati u budućnosti?

Način na koji se osjećaš Sada, u ovom trenutku, kreira Tvoju budućnost. Ako se Sada osjećaš dobro, usklađena si s vibracijom onoga što želiš. Fizičke manifestacije dolaze kada je Tvoja vibracija usklađena s vibracijom onoga što želiš manifestirati. Zato je ključno postavljati Sebi pitanje: "Kako se Sada osjećam?" i pronaći način da se osjećaš još bolje u sadašnjem trenutku. Vi kreirate isključivo iz Sada. Zato je to kako se osjećate Sada jedino i bitno.

Kako održati dosljednost u primjeni metoda kada se čini teško?

Prvo, prestanite kriviti Sebe za povremene padove u dosljednosti. Umjesto toga, s ljubavlju prema Sebi prepoznajte izazove i nastavite dalje. Postavljanje malih, svakodnevnih ciljeva i uključivanje metoda u Svoju rutinu, poput meditacije, zahvalnosti ili vizualizacije, pomaže u stvaranju navike. Koristite podsjetnike ako treba, ali prije svega, postavljajte pitanje: "Kako se Sada osjećam?". To će vas potaknuti da se vratite primjeni metoda jer ćete se željeti osjećati bolje. Što vaša vibracija bude više rasla i širina Svijesti se mijenjala počet ćete osjećati sve veću povezanost sa Svojim Višim ja i vašom Dušom. I tada će vam svo znanje i mudrost biti u svakom trenutku dostupna. Ona to već i je. Samo mislite da nije. Opustite se i naprosto dopustite. Shvatit ćete upravo kroz primjene da je najveća poanta u otpuštanju i dopuštanju.

Pričaj mi o tome. Već si mi nešto govorila o otpuštanju i jako mi je to zanimljivo.

Otpuštanje nije metoda dizanja vibracije, otpuštanje je vrhunac razumijevanja. **Kada shvatite otpuštanje, više vam neće biti potrebno "dizati" vibraciju – jer ćete shvatiti da to ne trebate raditi, ako ne radite ono što vam spušta vibraciju. Shvatit ćete da svakog trenutka živite u skladu sa Univerzalnim zakonima. Otpuštanje svega je onaj trenutak kada više ne osjećate potrebu kontrolirati ishod.**

Dakle, otpuštanje nije metoda nego stanje Svijesti?

Tako je. Kada shvatiš otpuštanje, uistinu si razumjela kreiranje. Razumjeti kreiranje je proces i različiti su putevi do toga. Jedan od puteva je prvo vjera, onda ona postane znanje. Nakon toga postane Tvoje bivanje.

Ponovi mi, molim te, tu rečenicu. Cijelo biće mi je na nju reagiralo.

Vjera kroz primjenu postaje znanje, a znanje kroz življenje postaje bivanje.

Wow. Predivna rečenica. Znači, znanje nije dovoljno, ako ga ne živimo?

Točno. Mnogi ljudi prikupe znanje, ali nisu još dosegli mudrost. Prelaze s jedne metode na drugu i Umni rad ih iscrpljuje. Svjesno kreiranje je emotivni, a ne Umni put i tek kada to osvijestite počinjete uživati u kreiranju Svog života. Mudrost je znati otpustiti i dopustiti.

Možeš li mi objasniti razliku između otpuštanja i dopuštanja?

Otpuštanje se događa kada shvatiš da Ti to što želiš nije potrebno za sreću. Jer si shvatila da i sve što želiš , želiš jer misliš da ćeš se osjećati bolje. Primjenjujući metode i procese dođeš do zaključka da tu emociju postižeš i bez manifestacije. To je trenutak kada kažeš: "Ne treba Mi ono što želim da bih bila sretna." Tada si shvatila. I tada vibriraš iz *stanja netrebanja, iz obilja. Vibriraš imanjem, a ne nedostatkom.*

Dopuštanje je stanje u kojem prestaješ pružati otpor i dozvoljavaš svojim željama da se manifestiraju. To znači uskladiti se s prirodnim tokom energije i vibracijom željenog ishoda, umjesto da pokušavaš sve kontrolirati ili forsirati. Kad dopuštaš, otvorena si prema onome što dolazi, bez vezivanja za specifične načine na koje bi to trebalo doći. Time Svemiru daješ prostora da djeluje u Tvoju korist, otvarajući vrata sinkronicitetima i prilikama.

U suštini, dopuštanje je *povjerenje.* Povjerenje da se sve odvija kako treba, povjerenje u proces i povjerenje u Sebe. Kada dopuštaš, prestaješ ometati vlastitu energiju sumnjama, strahovima ili potrebom za kontrolom. Na taj način postavljaš Svoju vibraciju u sklad s Izvorom i omogućuješ vlastitoj Duši da vodi put do Tvojih želja. Dopuštanje je kao otpuštanje kočnica – kada ih makneš, dopuštaš energiji da slobodno teče i dovede Te do onoga što istinski želiš. *To je mudrost življenja.*

Dopuštanje se čini predivno. A zašto mi se čini da ako otpustim, otpustila sam želju?

To je zabluda – kada otpustiš, ne otpuštaš želju, već otpuštaš uvjerenje da Ti je želja potrebna za sreću. Želja je već manifestirana, odmah sve postoji Sada. I želja i njena manifestacija, ali otpor je ono što Te sprječava da je doživiš. Otpuštanje znači osloboditi se uvjerenja da moraš doživjeti manifestaciju da bi bila sretna.

Sada kada razmišljam o nekim željama koje bi trebala otpustiti, čini mi se teško.

Čini ti se jer je Um naučen na kontrolu nad stvarima i zbog toga vjeruješ da, ako ne držiš kontrolu nad nečim, nećeš dobiti ono što želiš. Upravo ta kontrola stvara otpor. Do sada si vjerovala da Ti je nešto izvanjsko potrebno za sreću, pa misliš da ako to izvanjsko otpustiš, nećeš moći biti sretna. Samo vrati fokus na sadašnji trenutak i napravi bilo što čega se sjetiš da se u ovom trenu osjetiš lijepo.

Dakle, kad otpustim potrebu za izvanjskim, time dopuštam?

Kada otpustiš, shvaćaš da Ti ništa izvanjsko nije potrebno da bi bila sretna. Kada to shvatiš, vibriraš iz stanja obilja. Iz obilja nemaš otpore. A kad nemaš otpore kroz Tebe djeluje ono tko ti istinski jesi i ono koje je cijelo vrijeme u skladu sa tvojom misijom i tvojim željama za iskustvima. *U obilju osjećaš da smo jedno.*

Možeš li mi pokazati, molim te? Možeš li mi pokazati kako da dopustim?

Spoji se sa dahom, Ani. Dah je most između nas, on je prostor gdje prebivaju ljubav, mir i radost. U njemu je sva mudrost. Kad god osjetiš potrebu za mirom, kad god tražiš odgovore ili želiš pristup mudrosti, jednostavno se poveži sa Svojim disanjem. Sve što Ti treba već je ovdje. Dah te spaja sa Mnom. U njemu ćeš pronaći sve odgovore jer u njemu prebivam Ja.

Ani zatvori oči i tiho se prepusti svom unutarnjem svijetu. Mir je polako obavija dok ulazi dublje u vlastiti dah, u svjesnost. Tek nekoliko trenutaka kasnije, niz njene obraze skliznu suze, a osmijeh joj obasja lice kao da je u prisutnosti nečeg svetog i beskonačno bliskog. Osjećala je da je obgrljena najdubljim emocijama, iskustvom čistog postojanja.

"Osjećam te... Osjećam te cijelim svojim bićem", šapnula je tiho.

Ništa više nije potrebno. Samo se prepusti, Ani. Dopusti. Toliko je jednostavno. Sve je već ovdje. Ti i Ja smo jedno, jedna Svijest u različitim iskustvima. Samo misliš da smo odvojeni. Pusti taj privid razdvojenosti, otpusti misao. Izađi iz Uma, izađi iz okvira Ega. Naprosto izađi. Kao kad izlaziš iz sobe u kojoj si sve obavila. S lakoćom. Osjeti, osjeti beskonačnu Svijest koja jesi... Zaljubi se u ovaj trenutak, Ani, dopusti da se stopiš s njim. Tu sam, u svakom udahu, u svakom otkucaju Tvog srca. Ovdje leži Tvoja moć, Tvoja snaga i Tvoja bezvremenska mudrost. Samo postoj u ovom trenutku, u Sada.

Ti si fizička manifestacija Mene, Mog postojanja u ovom svijetu. Tvoje postojanje omogućuje Meni da iskusim fizički život kroz Tebe. Ti si Moje sredstvo da volim, dišem i živim u svijetu oblika. I beskrajno sam Ti zahvalna na tome. Hvala Ti Ani, hvala Ti, što zbog Tebe imam sva ova iskustva. Bez Tebe to ne bi bilo moguće, toliko si važna. Dopusti, Ani. Dopusti Sebi sjetiti se tko si uistinu. Ti si Ja. Ja sam Ti. Ti si ljubav. Mi smo ljubav. Osjeti tu čistu, neograničenu ljubav koja jesmo.

Ani je uronila u taj osjećaj ljubavi — neopisive, beskrajne, ljubavi bez granica, bezuvjetne i prožimajuće. Osjećala je kao da istovremeno prima i daje najčišću ljubav prema sebi, prema svijetu, prema samom postojanju. Ljubav prema svemu i svima, ljubav prema vlastitom biću, u najdubljem obliku.

"Ne želim otići odavde", prošaptala dok su joj suze ljubavi i dalje klizile obrazima. "Ovo je najljepši trenutak koji sam ikada iskusila. Ovo je ljubav, čista ljubav. Voli me, bez razloga, bez uvjeta... Bože, koliko je lijepo. Sad znam što je ljubav. Želim ostati ovdje zauvijek. Ne želim nikada otići..."

Ani je disala još dublje, udišući svaki djelić te ljubavi, kao da ne želi propustiti nijedan atom te energije čiste ljubavi koja pulsira kroz njeno biće.

"**Ani!**", začula je svoj glas kako je nježno doziva. Polako je otvorila oči, svjesna da je vrijeme stalo i da je potpuno izgubila pojam o vremenu i prostoru. U trenutku kad je otvorila oči shvati da je sad ona ta koja stoji pored kreveta, gledajući u sebe – u svoje tijelo koje je još uvijek sjedilo u meditaciji i dalje duboko dišući. Na licu joj je i dalje bio osmijeh, smiren i pun ljubavi.

Osjetila je beskrajnu ljubav prema sebi. Prema toj predivnoj mladoj ženi koja se u ovim trenucima trudila rasti u svom znanju i mudrosti. Spoznala je, u tom trenutku, da je cijelo vrijeme ona bila ta koja je razgovarala sa sobom, ona koja traži, ali i ona koja posjeduje odgovore na sva svoja pitanja. Shvatila je da su jedno.

U ovoj spoznaji preplavila ju je čista radost. Radost koja ne dolazi iz vanjskog svijeta i koja je samo čekala da iluzije nestanu.

Znala je da ovaj osjećaj radosti više nikada neće prestati.

Uspjela je.

Uspjela je prisjetiti se tko je.

Tko je oduvijek bila i tko će zauvijek biti.

Ostale knjige Ane Bučević:

Safari duha - knjiga o mudrosti odgoja

U Vortexu ostvarenih želja

Što (ni) je ljubav

Vjerujem u Čuda 1 i 2

Biti i imati

Umijeće kreiranja realnosti

365 dana osvještavanja

Život je lijep kad se živjeti zna

Sve knjige autorice možete pronaći na anabucevic.com

www.ingramcontent.com/pod-product-compliance
Lightning Source LLC
Chambersburg PA
CBHW051301120626
46547CB00015B/2040